JUBILÉ

DE LA

SOCIÉTÉ DE SAINT-VINCENT-DE-PAUL

DE STRASBOURG

1840—1890

ET SERMON DE

MONSEIGNEUR MARBACH.

Jubiläums-Andenken

des

St. Vincentius-Vereins Straßburg.

STRASBOURG

TYPOGRAPHIE E. BAUER, GRAND'RUE 101

1892.

JUBILÉ

DE LA

SOCIÉTÉ DE SAINT-VINCENT-DE-PAUL

DE STRASBOURG

1840—1890

ET SERMON DE

MONSEIGNEUR MARBACH.

Jubiläums-Andenken

des

St. Vincentius-Vereins Straßburg.

STRASBOURG

TYPOGRAPHIE E. BAUER, GRAND'RUE 101

1892.

Bericht

über die

Jubelfeier des St. Vincentius-Vereins

in Straßburg.

29. November 1891.

~~~~~~~

Diese Worte der heiligen Schrift, die der Herr General=
präsident in seiner Festrede erwähnte, sollten — so wenigstens hat
es den ersten Anschein — eine Jubiläumsfeier eher verurtheilen
als begründen; denn bei einem fünfzigjährigen Stiftungsfest muß
ja der Löwenantheil den Erinnerungen gelten, die in den Ereig=
nissen dieses halben Säculums wurzeln. Und doch behielten diese
Worte ihre volle Berechtigung bei der gestrigen Feier. Hatte man
sich ja nicht versammelt, um wehmuthsvoll der dahingeflossenen
Jahre sich zu erinnern, nicht um sich der Stimmung der Israeliten
hinzugeben, die an den Flüssen Babylons saßen, ihre klanglosen
Harfen an die Weiden hingen und selbst thatenlos sich der Ver=
zweiflung hingaben ob des vergangenen Glückes und des ent=
schwundenen Vaterlandes. Auch sollten die so lebhaft aufgefrischten
Erinnerungen nicht zur Nahrung eitlen Stolzes dienen. Die
Hunderte von Männern, die sich gestern am Fuße des Altars ein=
gefunden und um die Kanzel geschaart hatten, waren nicht gekommen,
um mit dem reichen Prasser zu sagen: „Herr, so und so viele Thaler
fielen jede Woche aus meinen Händen in den Schooß der Armen!
Ich that dies und that jenes an guten Werken und bin nicht wie dieser
oder jener aus meiner Bekanntschaft, der nicht so gehobenen Hauptes
und mit so bewußter Schuldlosigkeit vor Dir erscheinen könnte!"
~~~~~~~

Sie hatten sich hingegen im Gotteshause versammelt, wie es so trefflich der hochwürdigste Herr Weihbischof in seiner wunderschönen Predigt ausführte, um einerseits Gott zu danken für all' das Gute, das die Vorfahren durch den St. Vincentius-Verein in unserer Stadt gewirkt, um dem Allerhöchsten weiter zu danken, daß er trotz ihrer Unwürdigkeit sich auch ihrer bedienen wollte, um den Geist der Liebe und Eintracht in dieser so erkalteten Welt zu erhalten; um Gott Abbitte zu thun für so manche Lauigkeit und Nachlässigkeit im Dienste der Charitas und endlich um die Gnade zu flehen, den Traditionen der Vorfahren und dem Geiste ihres heiligen Schutzpatrones getreu zu bleiben.

Leider sollte auch die gestrige Festesstimmung nicht ganz ungetrübt sein. Bittere Tropfen waren dem St. Vincentius-Verein in den Freudenbecher gepreßt. Der hochwürdigste Herr Bischof Dr. Fritzen, den man so gerne bei der Festfeier seiner Kinder gesehen hätte, mußte leider noch für einige Tage ferne bleiben. Und dann befand man sich vor dem so jäh geöffneten Grabe des seligen Herrn Generalvikars Dr. Straub, der noch selbst die Anordnungen für das Jubelfest getroffen hatte.

Das Programm mußte nothwendigerweise unter diesen Umständen etwas leiden. Doch in diesem Doppelrahmen der Trauer erschien das Gesammtbild des Festes fast wahrheitsgetreuer und mehr dem eigentlichen Zweck der Vereines, der sich speziell der Linderung der Noth der Armen und Leidenden widmet, angemessen. Die Festesstimmung hätte vielleicht zu hohe Fluthen gethürmt. Zum Anderen, wenn der Vater auch ferne von seiner Heerde weilte, so war er doch mit Geist und Herz bei der gestrigen Feier, wie es sein Schreiben an den hochwürdigsten Herrn Weihbischof und ein Telegramm, das leider zu spät eintraf, um der Festversammlung Abends mitgetheilt werden zu können, beweisen.

Die Feier begann mit dem feierlichen Hochamt im Münster. Man hatte von einer Generalkommunion abgesehen, da eine solche vorschriftsmäßig doch am Tage der Unbefleckten Empfängniß stattfinden sollte. Das Jubiläumsfest mit letzterem Vereinsfeste verbinden ging auch nicht, da der hiesige Verein sonst auf die Ehre und Freude hätte verzichten müssen, die Brüder-Vereine des Elsaß an dem Jubeltage vertreten zu sehen. Einladungen waren an sämmtliche Vereine des Landes ergangen. Nahezu fünfzig Delegirte kamen derselben nach und zwar aus den Conferenzen Colmar, Mülhausen, Schlettstadt, Thann, Zabern, Hagenau, Benfeld, Brunstadt und Schiltigheim. Der Brunstadter Verein war durch seinen Gründer, den hochw. Herrn Pfarrer Stouff daselbst, vertreten. Herr Spies, Mitglied des Landesausschusses und Präsident des Schlettstadter Vereins, war mit einer stattlichen Zahl der Seinigen erschienen und zwar fast durchweg junge Leute, die sich als überzeugungstreue Katholiken, zielbewußte Vereinsmitglieder und tüchtige Redner erwiesen haben. Die Delegirten wurden von Mitgliedern des Vereins am Bahnhof erwartet und in den Dom begleitet, wo sie dem Gottesdienste beiwohnten. Das Hochamt celebrirte der Herr Kanonikus Schott. Nach demselben bestieg der hochwürdigste Herr Weihbischof Dr. Marbach die Kanzel zur Festpredigt.

Der hochwürdigste Herr begann mit einer pietätvollen Erinnerung an den hochseligen Herrn Bischof Dr. Peter Paul Stumpf, der vor acht Jahren der herrlichen Jubelfeier in seiner festlich geschmückten Kathedrale vorstand, als der Gesammtverein des hl. Vincentius das Andenken an die erste, fünfzig Jahre vorher (1833) in Paris gegründete Conferenz beging. Er sprach sodann das große Bedauern des jetzigen Oberhirten aus, nicht inmitten seiner getreuen Mitarbeiter auf dem Felde der Charitas den Freudentag begehen zu können. Leider sei der hochwürdigste Herr noch von der Trauer um seinen so plötzlich dahingerafften Generalvikar, Herrn Dr. Straub, betroffen worden. Die Vereinsgenossen möchten besonders am heutigen Tage sich ihres Oberhirten im Gebete erinnern, wie auch derselbe sie in sein Gebet einschließe. Seine Bischöflichen Gnaden haben ihn beauftragt mitzutheilen, daß er hoffe, der nächsten Generalversammlung anwohnen zu können.

Der Redner ging dann zur eigentlichen Festpredigt über, der die Worte der heiligen Schrift: „Hic sunt viri misericordiæ", zu Grunde lagen. Nicht die Verdienste ihrer eigenen Personen zu preisen seien die Mitglieder des VincentiusVereines in den Tempel Gottes gekommen, sondern um den Charakter ihrer

Nächstenliebe zu bekunden. Auch er wolle ihnen kein Lob von der Kanzel herunter spenden. Ihre eigenen Werke sollen dies thun. Er habe es sich vorgenommen in seiner Festrede zunächst den Fühlungspunkt zu besprechen, den der Reiche mit dem Armen habe und dann zu sehen, welchen Einfluß der Reiche auf den Armen üben kann und soll. Prachtvoll fluthete die Wahrheit nun durch die im wärmsten Ton gehaltenen Bilder des Redners, wie das glühende Licht der Morgenröthe, das an einem schönen Sommertage durch die bunten Glasgemälde unserer Kathedrale schimmert und dieselben so geheimnißvoll und doch wieder so lichtvoll erleuchtet.

In seinem zweiten Punkte verglich dann der Redner die unchristliche Philantropie und die von Gott getrennte Wissenschaft dem Leuchten eines Vulkans, der wohl die Landschaft großartig gestaltet und sein Feuerspeien auch weithin auf der Meeresfläche leuchten läßt, dessen Licht aber nicht genügend ist, um dem Fährmann eine bestimmte Richtung und gefahrlose Landung zu sichern. Nicht allein unsicher ist dies Leuchten, es droht aber auch Gefahr und Sturm. Und wehe dann denjenigen, die im Bereiche des Ungestümes sich befinden, wenn die unterirdischen Mächte sich gewaltsam zu regen beginnen und der Vulkan tobend neue Wege durch die ungenügende Bergeskrust für seine Lava sucht. Wie sicherer, wie wohlthuender ist nicht das himmlische Sonnenlicht, bei dessen Erscheinen, wie der Psalmist sagt, auch die wilden Thiere in ihre Höhlen zurückkehren und der Mensch hingegen in Gottes freie Natur hinaustritt.

Mit bischöflichem Starkmuth erhob der Herr Redner sodann seine Stimme gegen jene Mächtigen der Erde, die, statt die niederen, verderbenbringenden Leidenschaften niederzuhalten, nur gegen die Wahrheit und die Kämpen dieser Himmelstochter Gewalt anzuwenden wissen; die nur den Irrthum toleriren und die katholische Lehre verfolgen, die sich nur an den Geweihten Gottes zu vergreifen wagen. Bei solchen Anschauungen und solcher Handlungsweise sei nur zu sehr zu befürchten, daß einst der Tag hereinbrechen werde, wo auch diese verblendeten Mächte, was sie nicht eingesehen hatten, fühlen und ausrufen werden: „Wo war denn unsere Weisheit? ...." Die Mitglieder der Conferenzen mögen sich jedoch nicht irre führen lassen, wenn jene, die reich sind an Bildung und an Reichthum, sich nicht in dem gewünschten Maße an sie anschließen. Ihr Wachsthum sei zum andern erfreulich.

Im Jahre 1840, am Tage Mariä Empfängniß, waren sechs Jünger des hl. Vincentius hier im Elsaß und jetzt ist ihre Zahl nahezu sechshundert. Sie mögen fortfahren, wie Johannes, Zeugniß zu geben vom Lichte. Wenn auch die Stunden der Prüfung nicht fehlen, so mögen sie sich des Daniel in der Löwengrube erinnern. Darius hatte ihn den Klauen der Thiere überliefert, Gott hielt ihn unversehrt. Und als der König sich dem Zwinger näherte und Daniel zurief, konnte der Gerechte ihm antworten, daß er vor seinem Gott die Prüfung bestanden habe, sich aber auch gegen den König keiner Schuld bewußt fühlte.

Ein römischer Konsul rief einstmals: „Ich schwöre, daß ich die Republik gerettet habe". Mit mehr Bescheidenheit werden die Mitglieder des Vincentius-Vereines sagen können, sie seien bei der Lösung der sozialen Frage nach Wissen und Vermögen in Gottes Namen thätig gewesen. Der Eindruck der Festpredigt war ein gewaltiger. Das Münster war dicht angefüllt. Auch die Sammlung während des Hochamtes war für die von der Gesell=schaft unterstützten Armen recht ergiebig.

Die Gäste und Vereinsmitglieder versammelten sich nun in großer Zahl im „Hotel zum Rebstock", wo ein Festbankett von nahezu 150 Couverts ihrer wartete. In Folge der Trauer um den verstorbenen Herrn Generalvikar hatten der hochwürdigste Herr Weihbischof Dr. Marbach und der Herr Generalvikar Schmitt ihr Erscheinen abgesagt. Der Vorsitz des Banketts fiel so dem General=präsidenten Herrn Stadtrath Metz zu. Um ihn, an der Ehren=tafel, nahmen sowohl die Herren Geistlichen als die Präsidenten oder Hauptvertreter der auswärtigen Conferenzen und die Bureau=mitglieder des hiesigen Vereins Platz. Die große Zahl der Gäste hatte es nicht erlaubt, alle Anwesenden in einem Saale unter=zubringen und so mußte man sich bedauerlicher Weise in drei ver=schiedene Räume vertheilen. Das Diner war, den Traditionen des Herrn Stiegler gemäß, ebenso gewählt als copiös. Doch das Bankett sollte durch die zahlreichen, sich rasch nachfolgenden Toaste zu einer Art Vorversammlung gestalten, in der Ernst und Humor, Witz und gute Vorsätze sich zu einem wahren Redeturnier entwickelten.

Der kindlichen Liebe der Anwesenden zu dem gemeinsamen Vater auf Petri Stuhl, Se. Heiligkeit Leo XIII., gab der Vorsitzende, Herr Generalpräsident Metz, herzlichen Ausdruck. Seine Worte klangen in dem Wunsch aus, nach fünfzig Jahren, wenn die Jüngsten unter den Anwesenden das Säcularfest des Vereins feiern werden, möge das Hoch auf den heiligen Vater ebenso begeistert und liebevoll erklingen wie heute aus der Brust aller Vereinsmitglieder.

Herr Stadtrath Pascal, Vizepräsident des Oberverwaltungs= rathes, toastirte nun auf den hochwürdigsten Herrn Bischof von Straßburg, Dr. Fritzen, und dessen hochwürdigsten Herrn Weih= bischof Dr. Marbach. In pietätvoller, rührender Weise erinnerte der Redner an den hochseligen Bischof Dr. Stumpf, der dem Verein so sehr zugethan war. Er erwähnte die Gebete, die in den Conferenzen zu Gott sich erhoben, damit der erledigte Bischofssitz einen würdigen Inhaber erhalte. Die Gebete seien nicht unerhört geblieben, denn in der Person des hochwürdigsten Herrn Dr. Fritzen und seines Weih= bischofes Dr. Marbach sei für die geistliche Leitung und die Gnaden= spende im schönen und echt katholischen Elsaßlande bestens gesorgt.

Der Vertreter der Colmarer Conferenz, Herr Kuentz, führte aus, die auswärtigen Conferenzen seien gekommen, um in brüder= lichem Zusammensein mit den Straßburger Confratres sich für die gemeinsame heilige Sache neu zu begeistern und sich immer enger um die Fahne der christlichen Charitas zu schaaren. Sein Glas galt dem Generalpräsidenten, als dem berechtigten Vertreter des Vereines.

Herr Buchhändler Bachmann, Präsident der St. Bonifatius= Conferenz, toastirte auf den Klerus. Ein jedes Volk, welches gute und seeleneifrige Priester besitze, sei glücklich zu preisen. Gott sei Dank! im Elsaß haben wir allen Grund, auf unsern Klerus stolz zu sein. Er habe sich nach allen Richtungen und in allen Fächern leuchtend hervorgethan. Der Redner pries u. A. auch den Bekennermuth und die Missionsthätigkeit des Elsässer Klerus. Auch der Vincentiusverein habe, und dies speziell an der Straßburger Geistlichkeit, eine treue Stütze gefunden. Ihr sei es mit zu verdanken, wenn der Verein das erreicht, was er zu erzielen sucht. Er erheb denn das Glas zu Ehren der Gäste aus dem geistlichen Stande, wie auch des ganzen hochwürdigen Klerus in Stadt und Land.

Der zweite Vizepräsident des Oberverwaltungsrathes, Herr Ed. Schaeffer, brachte ein Hoch auf die Gäste aus, die so zahlreich der Einladung des Straßburger Vereins nachgekommen und hier herzlich willkommen sind.

Landesausschußmitglied Herr Spies aus Schlettstadt betonte in treffenden Worten die Nothwendigkeit, für jungen Nachwuchs Sorge zu tragen, damit immer frisches Blut und jugendlicher Eifer die Conferenzen belebe und ihre Weiterdauer sichere. Sein Glas galt der christlichen Jugend.

Redakteur Metz, Director des Jünglingsvereins St. Joseph, dankte in dessen Namen dem Vincentiusverein für die Unterstützung, die er immerdar dem Bruderverein angedeihen ließ. Hand in Hand hätten beide Vereine gesucht Seelen zu bewahren und Gott zu erobern. Ihr fünfzigjähriges gemeinsames Wirken sei nicht unnütz gewesen. Das Jubeljahr solle den Bund noch enger schließen zum Weitergedeihen der katholischen Sache in Straßburg. Es sei ihre Aufgabe wesentlich erleichtert worden durch die reichlichen Spenden, die dem Jünglingsverein in letzter Zeit zugeflossen sind, besonders von Seite zweier Geistlichen, des Herrn Kanonikus Räß, der 15,000 Mark zum Ankauf eines Vereinshauses gab und des Herrn Dr. Müller-Simonis, der nahezu 23,000 Mark zu demselben Zweck spendete. Mit donnerndem Applaus wurden diese zwei Namen von den Anwesenden begrüßt. Herr Dr. Müller-Simonis befand sich unter den Gästen[1].

---

[1] Dank diesen hochherzigen Gaben erstanden dieser Tage beide Vereine den sogenannten Kuppelhof, ein größerer Häusercomplex, der an die Anstalt St. Joseph grenzt und für 135,000 M. erworben wurde. Wie unsere Leser ersehen, verbleibt noch eine große Schuldenlast. Doch beide Vereine hoffen, daß die Katholiken Straßburgs ihren Pflichten gegen die Jugend und die Arbeiter gewachsen sind und ihnen tüchtig unter die Arme greifen werden. Einige unserer Glaubensgenossen haben bereits generös in die Tasche gegriffen, um je nach Vermögen ihr Scherflein beizutragen. Wir werden zur gegebenen Zeit ihre Namen veröffentlichen. Bis dahin wird die Liste sich wohl derart vermehrt haben, daß die Schuldenlast so viel als abgetragen zu erachten sein wird.

Dr. Ehrhardt, Lehrer am Bischöflichen Gymnasium, dankte in herzlichen Worten, Namens des katholischen Arbeitervereins, für das Entgegenkommen, das der Verein bei den Mitgliedern der Vincentiusvereine gefunden hat.

Der Vertreter von Thann, Herr Munizipaleinnehmer Müller, toastirte auf die beiden ältesten Mitglieder der elsässischen Conferenzen, auf Herrn Baetzner, Gründer und Präsident der Thanner Conferenz, und Herrn Bernhard aus Straßburg, der letzte Ueberlebende der Gründer des Vereines im Elsaß. Angelockt durch die Bemerkung des Generalpräsidenten, er bedaure, daß die Gebweiler-Conferenz nicht vertreten sei, gab Herr Professor Brett vom Priesterseminar in Gebweiler Mundart zu Gunsten seiner Landsleute eine köstliche Entschuldigungsrede, deren Witz und Humor von der Versammlung nach Verdienst gewürdigt wurde.

Es seien kurz noch erwähnt die Reden und Toaste des Herrn Desch aus Marienthal, des Herrn Bäumer aus Schlettstadt, der im Namen der „Jungen" den „Alten" versprach, ihre Fahne hoch zu halten und getreu in ihre Fußstapfen einzutreten; des Herrn Stadtrath Kieffer, Präsident des St. Regisvereins, der seinem Berufe gemäß nicht anders konnte, als eine Vermählung zu Stande zu bringen. Er trank auf die Einigkeit aller katholischen Werke, unter Hochhaltung ihres katholischen Charakters. Aus Schlettstadt erhob sich noch ein dritter Redner, der den christlichen Damen ein Hoch brachte, das in Varianten auf die christlichen Mütter von Herrn Brett und auf die christlichen Frauen der Vereinsmitglieder vom Herrn Generalpräsidenten wiederholt wurde.

Die Zeit der Vesper war angerückt und man schied, um sich zunächst im Münster und dann, um 4 Uhr, im Priesterseminar zur Generalversammlung einzufinden. Der Hörsal des Priesterseminars konnte die Gäste nicht alle fassen, die zur Festversammlung sich eingefunden hatten. Der hochwürdigste Herr Weihbischof präsidirte, umgeben vom Herrn Generalvikar Schmitt und den Herren Domkapitularen Freyburger, Schott, Dacheux, Sattler, Erzpriester Keller, Matheis, Superior Ott, Ehrendomherren und Stadtpfarrern Hilß, Thierry, Reibel, Schaumann, Schickelé, Woehrel, den Professoren des Priesterseminars, den Lehrern des Bischöflichen Gymnasiums u. s. w.

Nachdem der Vorsitzende das übliche Gebet verrichtet und Herr Vicepräsident Pascal eine Stelle aus der „Nachfolge Christi" verlesen hatte, ergriff Herr Generalpräsident Metz das Wort, um folgende Rede zu halten:

Festrede des General-Präsidenten.

„Freuet Euch und frohlocket mit mir", rief jene Frau des Evangeliums ihren herbeigeeilten Freunden und Nachbarn zu, „denn die Drachme, die ich verloren hatte, habe ich wieder gefunden." Aehnlich haben auch wir heute unsere Freunde und Bekannten herbeigerufen, um sich mit uns zu freuen, nicht als hätten wir eine verlorene Werthschaft wieder gefunden, nein, im Gegentheil, freuen sollen sie sich mit uns, daß wir den Zweig, den unsere Vorfahren vor 50 Jahren hier in unsere Stadt versetzt haben, nicht verdorren und verloren haben gehen lassen, sondern daß der junge Setzling zur kräftigen Pflanze herangewachsen ist, um seine Zweige über unser liebes Elsaß von der Grenze Weißenburgs bis nach Mülhausen und Thann zu verbreiten.

Von Nah und Fern sind sie gekommen, unsere lieben Freunde, um an unserem Jubelfeste theilzunehmen, und darum spreche ich ihnen unsern herzlichsten Dank aus, besonders den hochwürdigen Herren Geistlichen, die zwar nicht nur heute, sondern auch sonst unsere gewöhnlichen Generalversammlungen und wöchentlichen Conferenzsitzungen mit ihrer werthen Gegenwart beehren.

Unsere Danksagungen gehören weiter in hohem Maße den Herren Superior Ott und Director Mosser, welche mit derselben Freundlichkeit, wie der frühere Herr Superior Dacheux, uns die gastlichen Räume ihres Hauses zur Verfügung stellen. Ergiebig wollen wir diese Gastfreundschaft benutzen, indem wir uns vollzählig am nächsten 8. Dezember hier einfinden, um mit den Herren Seminaristen unser gemeinsames Patronatsfest der Unbefleckten Empfängniß durch eine gemeinschaftliche Generalkommunion in der Seminarkapelle zu feiern.

Ein Gefühl ungemeiner Traurigkeit beschleicht mich aber jetzt, da ich noch weiter zu danken hätte den hochw. Herren General-vikaren für ihr wohlwollendes Entgegenkommen hinsichtlich der von ihnen getroffenen Dispositionen zu dem heutigen Feste; nur dem hochw. Herrn Schmitt können wir hier unseren Dank aussprechen, während wir dem seligen Herrn Dr. Straub, welchen der uner-bittliche Tod so unerwartet auf dem Felde seiner Thätigkeit hin-weggraffte, unsere Erkenntlichkeit nur noch beweisen können durch zahlreiches Erscheinen an seinem Leichenbegängniß und ihn heute einschließen in das Gebet, welches wir am Schlusse der Sitzung verrichten werden für alle Freunde und Mitglieder unserer Gesell-schaft, die uns vorangegangen sind in das Land der Verheißung. Und nochmals muß ein Gedanke des Leides unsere Festfreude trüben, indem ich unser lebhaftes Bedauern ausspreche, nicht zu dieser Stunde unserem hochwürdigsten Herrn Bischof persönlich unseren innigen Dank ausdrücken zu können, für die liebenswürdige Bereitwilligkeit, mit welcher Se. bischöflichen Gnaden uns zugesagt hatten, den Vorsitz bei unserer Festlichkeit zu führen. Leider hält ein langwieriges Leiden den dadurch schmerzlich geprüften Ober-hirten von seiner Heerde und unserer Jubelfeier fern. Hier wieder können wir nichts besseres thun, als zu bitten, der Herr über Leben und Gesundheit möge den guten Hirten wohlbehalten seiner Kirche bald wieder zurückführen zum Heil und Segen der ganzen Diözese.

Doch ganz verwaist sind wir, Gott sei Dank, nicht. So wie einst die Christengemeinde in Kleinasien den treuen Marcus als Gesandten des hl. Petrus aufgenommen hat, so begrüßen wir heute freudig in unserer Versammlung den Stellvertreter unseres kirchlichen Oberhauptes, in unserem hochwürdigsten Herrn Weih-bischof, der in Gnade und Liebe zu uns gekommen ist, um uns durch sein eindringliches Wort und seinen bischöflichen Segen zu erbauen und zu stärken, zu erleuchten und zu erwärmen. Ja! Wie der Segen des Vaters den Kindern das Haus erbaut, so möge Ihr väterlicher Segen das Unterpfand sein der Erhaltung und Ausbreitung unserer Conferenzen. Mit begründeter Zuversicht dürfen wir uns dieser frohen Hoffnung hingeben; denn so wie in sonnigen Landen die schwache Weinranke sich um den kräftigen Oelbaum windet, so schmiegt sich unser bescheidener Verein um den weltüberschattenden Baum der katholischen Kirche und erwirbt sich dadurch einen gewissen Antheil an ihrer Kraft und Unvergäng=lichkeit.

Allein es genügt der Rebe nicht, daß sie über dem Boden gehalten wird. Um ihre edle Frucht zu reifen, muß sie ihre leben=digen Wurzeln in fruchtbarem Grunde verzweigen. So muß auch unser Verein in gutem Erdreich wurzeln und dieser wohl bebaute Boden ist kein anderer, als unser „Manuel" oder Handbuch, das unsere Regeln enthält; denn was von einer weit älteren und berühmten Gesellschaft gesagt wurde, das gilt auch für uns: „Be=wahren wir unsere Regeln, damit diese Regeln uns bewahren." Ausführlich sind dieselben in unserem „Manuel" aufgezeichnet, doch kurz lassen sich diese Vorschriften dahin zusammenfassen, nämlich:

Als treue Söhne der katholischen Kirche, die Ehre Gottes und unser eigenes Seelenheil zu fördern durch geistliche und leibliche Werke der christlichen Barmherzigkeit. Dabei dürfen und sollen wir sogar das etwas egoistisch klingende Sprichwort in Anwendung bringen: „Charité bien ordonnée commence par soi-même." Ja zu aller erst sollen wir uns in unseren Conferenzen lieben und erbauen, denn wie können wir sonst unseren Pflichten nach=kommen gegen die Armen, (welche wir den Grundbestimmungen unseres Reglements nach regelmäßig zu besuchen haben, um sie liebevoll aufzumuntern und im Glauben zu stärken), wenn wir nicht mit christlichem Beispiel vorangehen und die brüderliche Zu=neigung und Liebe zuerst unter uns bewahren. Lauigkeit und Zwietracht zerstören — Eifer und Liebe erhalten.

Der Segnungen der Eintracht haben wir uns in diesem Jubel=jahre zu erfreuen. Dem einheitlichen Zusammengehen unserer Mit=glieder mit jenen des Zweigvereins St. Joseph, und Dank den fürstlichen Schenkungen der hochw. Herren Räß und Almosenier Dr. Müller-Simonis, ist es uns gelungen, vor wenigen Tagen, unser Besitzthum mehr als um das Doppelte zu vergrößern, um unseren Jünglings= und Arbeitervereinen die Räume zu schaffen, deren sie unbedingt bedürfen, um sich ausdehnen zu können. Wohl ruht, wie gewöhnlich, noch eine große Schuldenlast auf dem neu

Erworbenen; doch hoffen wir, der liebe Gott werde uns auch ferner noch hochherzige und milde Geber zuführen, und wie immer vertrauen wir auf die bewährte, umsichtige Hausführung unserer unermüdlichen Schwestern, deren Arbeit und Sparsamkeit wir größtentheils den bis daher gehabten auch materiellen Erfolg zu verdanken haben. Seit einem halben Jahrhundert sind sie mit uns an der Arbeit, darum soll auch jener in Dankbarkeit an heutigem Jubeltage gedacht werden, die in guten und bösen Tagen unsere Freuden und Sorgen theilten. „Elles ont été à la peine — elles doivent être à l'honneur." Aber hier muß ich mit Wehmuth erklären, nicht alle Stände sind, dem Beispiel der frommen Ordensschwestern treu, auf ihrem Posten geblieben bis auf den heutigen Tag. In den vierziger Jahren wurden die ersten Conferenzen größtentheils gebildet aus Angehörigen der vornehmen Welt. Junge Leute, Studirende, Gelehrte, Beamte, Offiziere jeden Ranges, besuchten dieselben häufig und nahmen an deren Werken theil. Mit wenigen, aber um so rühmlicheren Ausnahmen, ist das heute anders geworden. Wie würde es uns freuen, wenn die Mitglieder der höheren Gesellschaft als die berufenen Armenpfleger Gottes, sie, die über Bildung, Zeit und Reichthum verfügen, mit uns oder vielmehr an unserer Spitze vorangehen wollten, um die immer schrecklichere Noth und klaffenden Wunden der armen und irregeleiteten Menschheit zu lindern und zu heilen.

Nicht nur deßwegen würden wir die Vertreter der höheren Stände mit Hochachtung und Liebe in unseren Reihen begrüßen, weil durch ihre kräftige Mitwirkung den Bedürftigen mehr leibliche Hilfe zugewendet würde, sondern hauptsächlich, weil wir wissen, daß das Beispiel, gut oder schlecht, um so mehr durchdringt und Einfluß hat, je höher es von oben herableuchtet.

Folgen jedoch die sogenannten Glücklichen der Erde unserem Rufe nicht, so dürfen wir den Muth nicht verlieren. Es liegt eben im demokratischen Zuge unserer Zeit, ich darf wohl sagen in den Fügungen der Vorsehung, daß, wenn die Vornehmen und Reichen sich ihrem Berufe entziehen, sie durch geringere Elemente ersetzt werden. „Geht hinaus auf die Plätze und Straßen und ruft sie Alle herein; denn die Geladenen sind einer Einladung nicht werth", rief einst der erzürnte Hausvater. Darum dürfen wir hoffen, daß, wenn wir uns auch nur meistentheils in bescheidenen Kreisen bewegen und gar große Werke nicht ausführen können, doch unser guter Wille und unsere ehrliche Arbeit nicht unbelohnt bleiben werden; denn den Heller der Wittwe lobte der göttliche Heiland mehr, als die protzige Gabe des Pharisäers.

Immerhin ist es traurig, wie die meisten Menschen nicht einsehen wollen, daß nur das praktische Christenthum, d. h. die werkthätige, christliche Liebe, auf deren Grundlage unsere Conferenzen organisirt sind, die sozialen Schäden der Gesellschaft zu heilen vermag. Wie anders würde es in der Welt aussehen, wenn in jeder größeren Pfarrei eine Conferenz bestünde, die statt nur 6—12 gleich 40—50 Mitglieder zählte, so daß statt auf ein Mitglied 5—6 arme Familien kommen, jede Familie ihren eigenen Visiteur, d. h. Wohlthäter und Beschützer hätte, der nicht, wie der Bäckerjunge oder sonst ein Bedienter, das leibliche Brod zur bestimmten Stunde abgibt, sondern als Freund, mehr noch als ein von Gott gesandter christlicher Mitbruder, sich an den Herd der armen Verlassenen hinsetzte, ihre Beschwerden und Klagen anhörte und nicht allein Rath und Hülfe spendete, sondern ihnen Trost und Gottvertrauen einflößte, in einem Worte sich der Kleinen und Schwachen annähme, um sie zugleich Gott und der Kirche zu erhalten oder sie dahin zurückzuführen.

Wenn sich so allenthalben die Hohen zu den Niedrigen herablassen, um sich die Nothleidenden der Pfarrei oder Stadt zu vertheilen, Jünglings- und Arbeitervereine zu gründen oder zu erhalten, das Elend in seinen Heimstätten aufzusuchen, ja, dann würde sicher ein großes Stück sozialer Frage gelöst sein. Die Armen würden umsichtig und liebevoll gepflegt, deren Kinder in Verwahrung genommen werden, so daß es den meisten Besitzlosen nicht mehr einfallen würde, mit frechem Wort und geballter Faust das zu verlangen, was man ihnen, Gott zu Lieb, freiwillig gibt. Dabei kommt noch in Betracht, daß, wenn man es sich allenthalben angelegen sein ließe, noch mehr als die körperliche Noth Unglaube und Unsittlichkeit zu bekämpfen, sich die Zahl der Armen ungemein verringern müßte.

Denn in einer Gesellschaft, die in ihren hohen und niederen Schichten vom Geiste der Religion und des wahren Gottes=glaubens durchdrungen ist, müßten nothwendiger Weise Verbrechen und Laster abnehmen und so die meisten Quellen der Armuth versiegen; vier Fünftel des Elendes würden verschwinden. Dann hätten wir einerseits dreimal mehr Reiche und Bemittelte zum Geben und viermal weniger Bedürftige zu unterstützen, so daß wohl noch von Armen (denn die sollen wir ja nach Gottes Wort immer unter uns haben), aber nicht mehr von so maßlosem Elende die Rede sein könnte.

Es mag Ihnen, meine Herren, etwas anmaßend vorkommen, daß ich als Laie vor so vielen hohen, zum Worte berufenen Lehrern und Predigern aus meiner Festrede beinahe eine Predigt mache; aber es geschieht anderwärts auch so. Wenn die Jünger Jahre lang die Worte des Meisters gehört haben, so kommt die Zeit des Examens, wo der Lehrer schweigt und es am Schüler ist, zu sprechen, um zu beweisen, ob er die Weisheit des Lehrers auch beherzigt und richtig aufgefaßt hat. Und heute ist er für uns gekommen, dieser Tag der Prüfung, an welchem ich in Ihrem Namen, liebe Mitbrüder, öffentlich zu bekennen habe, ob wir nach halbhundertjährigem Bestehen unsere Gesellschaft in einen bureau=kratisch=philantropischen Verein haben ausarten lassen, oder ob wir heute noch bestrebt sind, den höheren Anforderungen und christ=lichen Grundsätzen nachzukommen, welche wir von unseren Stiftern empfangen haben und die wir auf unsere Nachfolger vererben sollen, damit, wenn sie, die Jüngeren aus unserer Mitte mögen sich wohl darunter befinden, einst in diesen Räumen das hundert=jährige Jubiläum feiern, dabei pietätvoll unserer gedenken, wie wir mit dankbarem Blick zurückschauen auf diejenigen, die vor fünfzig Jahren die erste Conferenz hier gründeten; obwohl es in der heiligen Schrift heißt: „Wehe dem, der einmal die Hand an den Pflug gelegt hat und zurückschaut", so dürfen wir doch einen Rückblick auf die vergangenen Zeiten uns gestatten; denn wir blicken ja nicht zurück aus Entmuthigung oder aus Selbstgefälligkeit, im Gegen=theil, wir sehen zurück, um uns an dem Beispiele unserer Vorfahren zu kräftigen und zum Weitervorwärtsschreiten zu ermuthigen.

Die alten Römer hatten für solche Jubiläumsfeste ihren eigenartigen Gott, den bekannten Janus, der zugleich vorwärts und rückwärts schaute; da jedoch keiner von uns allen, mit dieser problematischen Zierde eines Doppelgesichtes ausgestattet ist, haben wir uns in die Arbeit getheilt, und nachdem ich unsere Blicke in die Gegenwart und Zukunft lenkte, wird unser Herr Schriftführer rückwärts sehen und Ihnen in kurzen Umrissen das Entstehen und die Geschichte der ersten Jahre unseres Vereines vor Augen führen."

Doch bevor der Herr Berichterstatter das Wort ergriff, erhob sich der hochwürdigste Herr Weihbischof. Anknüpfend an die Worte des Herrn Generalpräsidenten, sagte der hohe Herr, er konstatire mit Freude, daß der Verein nach dem Berichte des Herrn Vorredners es wohl verdiene, ohne besondere Prüfung aufgenommen zu werden. Er habe das Examen gut bestanden und zwar „summa cum laude." Es freue ihn, nun dem hochwürdigsten Herrn Bischof von Straßburg selbst das Wort überlassen zu können. Der hochwürdigste Oberhirte habe ihm geschrieben, wie sehr es ihn schmerze, nicht anwesend sein zu können, doch nehmen Seine Gnaden den größten Antheil am Feste, wie es folgende Worte des ihm zugegangenen Schreibens beweisen:

„... Uebermitteln Sie allen Theilnehmern meine herzlichsten Grüße; sagen Sie ihnen, daß ich an ihrem herrlichen Werke den innigsten Antheil nehme und allen Mitgliedern des Vincentius-Vereines aus dem tiefsten Grunde meines Herzens danke für alle die geistlichen und leiblichen Werke der Barmherzigkeit, die sie verrichten. Möge der liebe Gott es allen tausendfach vergelten! Hoffentlich kann ich an der nächsten Versammlung in voller Gesundheit Theil nehmen. Es wird mir das eine große Freude und ein großer Trost sein. Oder muß das Herz eines Oberhirten nicht mächtig bewegt werden und von innerer Freude und Wonne aufjubeln, wenn er so viele edle Männer vor sich sieht, die in bewunderungswürdiger Aufopferung an dem geistlichen und leiblichen Wohle ihrer Mitmenschen arbeiten und so

2

von ihrer Seite in der von Gott gewollten Weise die Kluft überbrücken helfen, die Reich und Arm von einander scheidet. O welch' einen herrlichen Antheil nehmen diese hochherzigen Männer an der Lösung der sozialen Frage! Ja, wären alle Menschen, die in guten Verhältnissen leben, so gesinnt, wie unsere lieben Vereinsmitglieder, — eine sogenannte soziale Frage existirte nicht. —"

Der hochwürdigste Herr Weihbischof ersuchte die Vereinsmitglieder sodann im Geiste zu verharren, der sie bisher beseelte, sich immer an den römischen Stuhl, an den Diözesan-Oberhirten und an den Klerus eng anzuschließen, auch unter sich selbst die Einigkeit zu bewahren.

Hier wurde der interessante Bericht des Herrn Schriftführers Ab. Herrmann verlesen, dessen ausführlicher Wortlaut am Ende folgt.

Der hochwürdigste Herr Weihbischof erhob sich abermals, um dem Herrn Berichterstatter den wohlverdienten Dank für seinen schönen Bericht auszusprechen und in Erinnerung zu bringen, daß der Berichterstatter selbst einen nicht geringen Antheil am Gedeihen der erwähnten Werke genommen habe. Hochderselbe ersuchte die Vereinsmitglieder, auf der betretenen Bahn weiter zu schreiten, damit der Schriftführer auch fernerhin eine Fülle segensreicher Thaten in die Annalen zu verzeichnen habe.

Herr Spies aus Schlettstadt ergriff zuletzt das Wort, um zunächst im Namen aller auswärtigen Vereinsmitglieder dem hochwürdigsten Herrn Weihbischof für die Ehre zu danken, die er dem Vereine heute erwiesen, und dann Seine Gnaden zu bitten, er möge dem hochwürdigsten Herrn Bischof Dr. Fritzen gütigst übermitteln, mit welcher Anhänglichkeit die Vereinsmitglieder ihm zugethan wären. Er erinnerte, wie schon im Jahre 1853 ihm das Glück beschieden gewesen sei, hier in Straßburg einer Generalversammlung unter dem Vorsitze des hochseligen Herrn Bischofs Räß anzuwohnen und neu begeistert wie heute zurückgekehrt sei, um die Sache des hl. Vincentius nach Vermögen zu verbreiten. Der Vincentius-Verein, resp. deren Gründer, hätten zuerst eine

Ahnung der sozialen Frage gehabt. Bleiben wir dem Geiste der Gründer getreu. Auch weniger Bemittelte können viel. Doch bemühen wir uns unser Leben einfacher einzurichten. Der Redner exemplificirt auf ein nicht bemitteltes ihm bekanntes Mitglied, das es zu Wege brachte, mit einem Einkommen von 800 Mark jedes Jahr 200 Mark den Armen zukommen zu lassen. Herr Spies schließt seine kernige Ansprache mit der Bitte um den bischöflichen Segen.

Ein drittes Mal nimmt der unermüdliche Herr Weihbischof das Wort, um die praktischen Winke des Herrn Vorredners den Anwesenden an's Herz zu legen. Er ermahnt auch die Vereinsangehörigen nie im Gebete zu ermüden. Das Gebet sei des Christen Hauptwaffe, weil es ihm Gottes Beistand sichert.

Knieend empfing die Versammlung den bischöflichen Segen, worauf der Prälat das Schlußgebet, nebst einem Pater und Ave für die Verstorbenen des Vereins, speziell auch für den Herrn Straub selig, verrichtete.

Die schöne Versammlung war zu Ende; die Früchte aber werden fortfahren sich zu bilden, und zur Ehre Gottes, wie zum Segen der Mitglieder, der Armen und der Gesellschaft heranzureifen. Wie sehr der hochwürdigste Herr Bischof von Straßburg sich eins fühlt mit den Männern der christlichen Nächstenliebe, beweist folgendes Telegramm, womit Hochderselbe die Segensbitte beantwortete, die nach dem Hochamte an ihn nach Wörishofen gerichtet wurde:

Wörishofen, 29. November, 5 Uhr 30 Min.

Allen Mitgliedern des Vincentius-Vereines danke ich herzlichst für die freundliche Begrüßung und sende ihnen meinen bischöflichen Segen. Ich bedauere sehr an der schönen Versammlung nicht theilnehmen zu können und bitte alle um ihr frommes Gebet.

Adolf, Bischof von Straßburg.

LE RICHE ET LE PAUVRE.

SERMON

PRÊCHÉ PAR

MONSEIGNEUR MARBACH

POUR LE

JUBILÉ DE LA SOCIÉTÉ DE SAINT-VINCENT-DE-PAUL

à Strasbourg.

> *Per viscera misericordiæ Dei nostri, in quibus visitavit nos oriens ex alto.*
>
> Ces choses ont été faites par les entrailles de la miséricorde de notre Dieu, par lesquelles est venu nous visiter le soleil se levant d'en haut.
>
> Luc. I, 78.

La plupart d'entre nous ont conservé le souvenir de la fête si touchante que la Société de Saint-Vincent-de-Paul célébra dans cette Cathédrale, il y a maintenant huit ans, à l'occasion du 50me anniversaire de sa première fondation. Vous n'avez pas oublié, Messieurs, quelle vive part prit à Votre jubilé de 1883 MONSEIGNEUR STUMPF, qui gouvernait alors ce diocèse, et Votre mémoire Vous redit encore les chaleureuses paroles, toutes pleines d'encouragements, par lesquelles le vénéré prélat stimula Votre zèle dans l'assemblée générale du soir. En Vous séparant à la fin de ce beau jour, Vous étiez pleins de confiance en l'avenir de Votre Société et Vous souhaitiez un long épiscopat à Celui qui venait de Vous accueillir d'une manière si paternelle.

Hélas ! en venant aujourd'hui célébrer le 50me anniversaire de la fondation de Votre Société à Strasbourg, Vous ne retrouvez plus Celui qui Vous présidait alors, et c'est du haut du ciel qu'il bénit Votre présente assemblée. Dieu, dont les desseins sont impénétrables, l'a enlevé d'une manière prématurée à ses travaux et à Votre affection.

Son pieux et vénéré successeur est encore pour quelques jours retenu loin de notre ville ; Vous n'avez point le bonheur de saluer aujourd'hui au milieu de Vous le premier pasteur du diocèse, ni d'entendre ses ardentes paroles, dont l'onction Vous eût si vivement touchés ; mais, quoique éloigné de corps, Votre Évêque pense à Vous, il prie pour Vous et il m'a chargé de Vous exprimer ici, avec la haute estime qu'il professe pour Votre Société, le regret qu'il éprouve d'être absent de l'assemblée de ce jour et l'espoir qu'il a de se trouver au milieu de Vous à Votre prochaine réunion. A l'exemple de son regretté prédécesseur, il Vous regarde comme ses plus fidèles auxiliaires dans les luttes spirituelles des temps présents.

De fait, Messieurs, Vous méritez aujourd'hui les mêmes éloges qu'il y a huit ans. Alors on a pu Vous nommer du haut de cette chaire les *princes* [1] de la charité chrétienne ; j'ai moi-même pu Vous appeler de ce nom ; mais, puisque depuis ce temps-là Vous n'avez pas manqué un instant à Votre belle vocation, Vous avez droit aujourd'hui à un titre nouveau, et mon âme tout entière s'écrie à Votre vue : *Illi viri misericordiæ sunt quorum pietates non defuerunt !* [2] „Ce sont ici les hommes de la miséricorde dont la pieuse charité n'a jamais fait défaut à l'indigent !“

Cependant, ne craignez point, Messieurs, que je prenne Vos mérites mêmes pour sujet de ce discours : je sais ce que je dois à cette modestie qui forme un des caractères particuliers de Votre Société ; je ne parlerai donc de Votre charité que pour en célébrer le principe et la méthode et pour la rattacher plus étroitement à la miséricorde de notre Dieu. En admirant les succès de Votre Œuvre, il faut que ces fidèles qui m'écoutent, s'écrient avec Vous : „Ces choses

---

[1] Num. XXI, 18.
[2] Eccli. XLIV. 10.

se sont faites par les entrailles de la miséricorde de notre Dieu, par lesquelles est venu nous visiter le soleil se levant d'en haut." Puisse l'Esprit Saint, que nous invoquons par l'intercession de la bienheureuse Vierge Marie, nous faire pénétrer plus profondément dans le sens de ces paroles !

I.

Il se fait sans cesse, de la part des hommes charitables, de grands efforts pour soulager le pauvre et pour le réconcilier avec la société. Les hommes bienfaisants qui poursuivent ce double but ne sont pas toujours des riches proprement dits; ce ne sont surtout pas des hommes opulents; mais je les appellerai aujourd'hui „les riches" pour simplifier mon langage, et je dirai donc, en présence de ces tentatives de la richesse en faveur de la pauvreté, que la Société de Saint-Vincent-de-Paul a le grand mérite d'avoir mieux compris que personne:

1º *quel est le véritable point de contact entre le riche et le pauvre;*

2º *quelle est l'action principale du riche à l'égard de l'indigent.*

Le point de contact entre l'âme du riche et l'âme du pauvre ne paraît pas facile à découvrir, à en juger par l'expérience quotidienne. Souvent le riche persiste pendant un temps considérable à verser ses aumônes entre les mains du pauvre, mais les deux âmes, pour cela, ne se sont pas rencontrées ; elles se fuient peut-être plus que le premier jour. Celui qui donne arrive à la conviction que le pauvre est insatiable et parfois indigne de recevoir: le pauvre, de son côté, au moment même où il reçoit l'aumône, trouve que le riche est parcimonieux et sans entrailles; il voit, en tout homme aisé, le détenteur injuste de biens dont il voudrait posséder au moins la moitié. Les deux âmes se fuient, comme

Jacob et Esaü se fuyaient après que l'un eût été béni aux dépens de l'autre. Et cette division qui se produit entre deux hommes s'étend à la société tout entière; elle se divise en deux camps: le camp de ceux qui possèdent et le camp de ceux qui convoitent. C'est en vain que les pr miers mettent tout en œuvre pour secourir la classe indigente et regagner ses sympathies: on multiplie de toutes parts les associations charitables; les grandes villes, comme Strasbourg, consacrent des sommes énormes au soulagement de la misère publique; l'État lui-même ne néglige rien pour assurer l'existence de l'ouvrier et du malade, du vieillard et de l'orphelin; mais quand on a épuisé tous ces moyens, on se trouve en présence de pauvres plus nombreux qu'auparavant, de pauvres dont le mécontentement va toujours croissant: de jour en jour on entend plus distinctement ces sourds murmures du flot populaire, qui présagent l'approche d'une grande tempête.

Oui, la société actuelle ressemble à un grand navire, dans lequel les eaux pénétrent par quelque ouverture secrète: matelots et passagers, tout le monde est à l'œuvre pour rejeter l'eau hors du vaisseau. Par moments l'on croit qu'on arrive à relever l'embarcation; mais l'observateur attentif s'aperçoit que le niveau de l'eau monte lentement, monte toujours. Il pâlit d'épouvante, car il entend d'avance les cris de désespoir qui vont s'élever et se voit lui-même rouler dans l'abîme avec ses infortunés compagnons. Cette horrible prévision lui fait élever la voix: „Le jeu des appareils, s'écrie-t-il, ne peut plus nous sauver: il faut fermer la blessure qui s'est ouverte au flanc du navire, ou nous sommes tous perdus!"

Mais quelle est cette blessure et comment la fermer? — Ici, mes chers frères, deux chemins s'offrent à moi. Je puis vous inviter à rechercher avec moi les diverses causes qui éloignent le riche du pauvre et à délibérer ensuite sur les remèdes qui peuvent arrêter la marche progressive du mal; mais cette méthode serait longue, pénible et conviendrait peu à la joyeuse solennité de ce jour. — Je puis aussi Vous transporter à une époque de la société chrétienne où le mal n'existait pas encore, et Vous faire remarquer pour quelle raison, en ce temps-là, les cœurs du riche et du pauvre étaient parfaitement unis: ce serait plus court, plus clair et plus consolant. — Vous êtes prêts, je n'en doute pas, à me suivre de préférence dans cette dernière voie et à constater ainsi, par comparaison avec le passé, ce qui manque à notre société actuelle. Quand nous serons au clair là-dessus, nous toucherons par le fait même à la vraie solution de la question.

Entrons donc dans une de ces prisons des trois premiers siècles, dans lesquelles les confesseurs de la foi sont détenus par des persécuteurs barbares. Hier encore ces pauvres prisonniers étaient peut-être riches et considérés; c'étaient des patriciens, des sénateurs, jouissant au sein de l'opulence des honneurs dus à leur rang; aujourd'hui ils sont pauvres, privés de tout, livrés à toutes les souffrances; ils attendent, dans d'humides cachots, la sentence qui doit mettre un terme à tant de misères.

Cependant leurs frères dans la foi, leurs parents, leurs amis, restés libres et opulents, achètent secrètement, à prix d'or, la permission de pénétrer dans les prisons, afin d'y visiter, d'y consoler leurs frères et de les soulager dans leur dénûment. Et que trouvent-ils en prison? Peut-être des hommes mécontents, exigeants, désespérés? Oh non! écoutez plutôt le langage des saints confesseurs: „Ne nous plaignez pas! disent-ils, nous sommes heureux de souffrir pour Jésus-Christ; nous ne demandons pas la fin de ces misères si glorieuses pour nous; nous désirons plutôt le martyre. Cependant, notre cœur se réjouit à votre vue; votre affection nous touche; notre infirmité profitera de tout ce que vous avez apporté pour nous soulager. Soyez-en bénis et priez pour nous! Nous ne vous oublierons pas devant Dieu.“

Et que répondent les consolateurs, les riches du dehors, qui sont venus apporter leurs offrandes aux pauvres de la prison? Touchés jusqu'aux larmes de tant de misère et de tant d'héroïsme, les visiteurs s'écrient: „Frères, nous vous admirons, et nous remercions le Dieu qui vous soutient; votre vue relève nos âmes, et nous prierons Dieu de fortifier les vôtres“, et ils ajoutaient avec Tertullien [1], dans sa lettre aux confesseurs: „Vous habitez un séjour ténébreux, mais vous „êtes vous-mêmes une lumière; des liens vous enchaînent, „mais vous êtes libres pour Dieu; vous respirez un air infect, „mais vous êtes un parfum de suavité; vous attendez la „sentence d'un juge, mais vous jugerez vous-mêmes les juges „de la terre!“ — Frères, soyez fidèles, nous reviendrons demain, car nos âmes ne peuvent se détacher des vôtres.“ — Et quand, revenus dans leurs demeures, les visiteurs, encore tout émus, priaient le Seigneur, leurs supplications, en montant au ciel, se rencontraient avec celles des pauvres prisonniers, comme deux colombes qui, parties de points opposés mais poursuivant le même but, se rencontrent au haut des cieux et voyagent de concert.

Vous venez de contempler, mes frères, des riches et des pauvres dont les âmes sont étroitement unies; les pauvres de la prison paraissent même plus heureux que les riches du dehors. Ah! si l'on pouvait inspirer les mêmes sentiments aux riches et aux pauvres de ce temps, on ne se tourmenterait pas plus longtemps pour chercher le remède à la misère publique. La pauvreté subsisterait sans doute encore, mais sans le hideux cortège qui l'accompagne si souvent: on ne la verrait jamais précédée de l'oisiveté et de l'intempérance, suivie de la honte, de l'envie, du crime et du désespoir; nous verrions la pauvreté résignée, la pauvreté heureuse, la pauvreté souriante, la pauvreté rayonnante! — Mais pour en arriver là, il faudrait qu'on pût trouver la clef des sentiments si touchants qui animaient les premiers chrétiens.

---

[1] Habet tenebras, sed lumen estis ipsi. Habet vincula, sed vos soluti Deo estis. Triste illic expirat, sed vos odor estis suavitatis. Judex expectatur, sed vos estis de judicibus ipsi judicaturi. (Ad Mart. II.)

Vous, Messieurs, les hommes de la miséricorde, Vous possédez cette clef, et Vous désirez que je m'en serve en Votre nom pour résoudre le problème qui nous occupe. Mais puisque la meilleure clef n'ouvre que si on lui imprime un petit mouvement circulaire, Vous me permettrez sans doute de recourir encore à un petit détour qui nous conduira rapidement à notre but.

Dans l'office de ce jour, du 1er dimanche de l'Avent, l'Église nous fait réciter des paroles qui sont comme un trait de lumière, éclairant toute notre question. Voici ce beau passage de notre sainte liturgie :

„J'élève de loin mes regards et voici qu'à travers la brume qui couvre toute la surface de la terre je vois venir la puissance de Dieu. O vous tous, habitants de la terre, enfants des hommes, riches et pauvres, *simul in unum dives et pauper*, allez à sa rencontre et dites-lui : Répondez-nous si c'est Vous-même qui venez régner sur le peuple d'Israël.[1]"

Quel est le sens de cette question que le pauvre et le riche doivent ici adresser au Seigneur ? — „Est-il vrai, diront-ils, que Vous, Seigneur, Vous qui régnez dans les splendeurs des cieux, Vous avez été touché de notre pauvreté ? Est-il vrai que les entrailles de Votre miséricorde se sont remuées à la vue des misères dans lesquelles nous ont jetés nos péchés et qu'oubliant Votre gloire et Votre puissance, Vous allez abaisser les cieux pour venir nous visiter ?" —

„Cela est vrai, dit le Seigneur : j'ai vu votre misère et je veux l'embrasser ; par les entrailles de ma miséricorde j'ai résolu de vous visiter ; je veux naître, vivre, souffrir, mourir pour vous." — Ainsi parle le Seigneur, et que vont lui répondre le riche et le pauvre ?

„Seigneur, dira le pauvre, puisque Vous êtes venu me

---

[1] Aspiciens a longe, ecce video Dei potentiam venientem, et nebulam totam terram tegentem... Quique terrigenæ, et filii hominum, simul in unum dives et pauper.. Ite obviam ei et dicite : Nuntia nobis si tu es ipse qui regnaturus es in populo Israël. (Resp. I.)

visiter, puisque Vous, mon Dieu, Vous n'avez pas dédaigné de vivre et de mourir pour moi, je ne me plaindrai plus de mon sort; je me glorifierai plutôt d'avoir part à Vos souffrances. Je laisse au monde ses faux biens et ses vains plaisirs; il me suffit de tenir de mon travail, et au besoin de la charité de mes frères plus fortunés, ce qui est indispensable à mon existence. Un Dieu, devenu pauvre par amour pour moi, me fait aimer, me fait chérir la pauvreté.„

Et le riche, de son côté, s'écrie avec ardeur: „Je cours visiter les pauvres, puisqu'un Dieu s'est abaissé à nous visiter tous dans notre misère; j'aime le pauvre, comme Dieu nous a tous aimés, et je le vénère, parce que, dans son dénûment, il représente mieux que moi le Sauveur qui est venu embrasser notre pauvreté. A partir de ce jour je serai heureux d'appeler l'indigent en partage de mes biens, comme Jésus-Christ nous appelle tous en partage de son royaume.„

Et quand le pauvre et le riche ont ainsi parlé, ils se sont rencontrés: leurs âmes se sont en quelque sorte embrassées dans les mêmes sentiments que vous admiriez tout-à-l'heure chez les premiers chrétiens; et si vous me demandez quel a donc été, alors et maintenant, le vrai point de contact entre l'âme du riche et l'âme du pauvre, je dirai que toutes les fois que le riche et le pauvre se sont rencontrés et aimés, c'est parce qu'ils se sont souvenus tous les deux de la miséricorde divine qui nous a visités: *Per viscera misericordiæ Dei nostri in quibus visitavit nos.* Le véritable point de contact entre le riche et le pauvre c'est *le souvenir commun de la miséricorde divine.*

Oh! puisse, en ce jour, le doux souvenir de la miséricorde de Dieu toucher si bien nos cœurs qu'il n'y ait plus rien chez nous qui sépare l'âme du riche de celle du pauvre, mais que les deux classes de la société s'aident affectueusement dans la grande œuvre du salut, qui pour le pauvre et pour le riche est d'une égale importance!

II.

Le point de contact entre le riche et le pauvre étant trouvé, je devrais vous parler maintenant des devoirs réciproques du riche et du pauvre. Mais, comme la plupart de ceux qui m'écoutent jouissent, par la bonté de Dieu, d'une certaine aisance, je me bornerai à montrer quelle doit être l'action principale du riche à l'égard de l'indigent.

Je suppose que le riche, touché par le souvenir de la miséricorde divine, veuille sincèrement fraterniser avec le pauvre : comment parviendra-t-il à se rapprocher réellement de lui, à le consoler d'une manière positive et à pacifier ainsi la société tout entière ? Le pauvre peut ne pas répondre à ses avances; il peut se montrer froid, exigeant, ingrat; il peut accepter notre argent et ne pas songer à nous donner son amour. Il n'y a qu'un seul moyen de vaincre cette difficulté: il faut aller à la rencontre du pauvre pour faire briller à ses yeux un rayon de la lumière d'en haut; il faut imiter Dieu dont il est dit: *visitavit nos oriens ex alto.* „Il nous a visités comme le soleil se levant d'en haut.“

Il y a, mes chers frères, dans le monde spirituel comme dans le monde matériel, une lumière qui vient d'en haut, et une lumière qui vient d'en bas. Cette dernière aussi jette quelquefois un vif éclat. On dit que c'est un spectacle magnifique que de voir, pendant la nuit, un volcan lancer vers le ciel ses gerbes de feu; la campagne est éclairée au loin comme par les lueurs d'un immense incendie, la mer voisine paraît tout en flammes et, par moments, les astres de la nuit sont comme éclipsés par la clarté mystérieuse qui jaillit des entrailles de la terre. Mais, quelque vive que soit cette lumière d'en bas, elle éclaire mal le voyageur dans les difficultés de sa route; elle ne suffit pas au travailleur; elle ne console pas le malade; elle éblouit les yeux sans réjouir le cœur; elle épouvante plutôt: car elle est accompagnée de grondements sinistres: *minantur murmura flammarum,* comme on a dit de l'Etna, et demain, tout-à-l'heure peut-être, des torrents de lave jailliront de ce cratère ardent et, comme un fleuve débordé, répandront partout la mort et la désolation.

Ah! que j'aime bien mieux ce soleil qui s'élève dans sa belle sérénité et que le poète appelle avec raison „la lumière universelle du monde",—*immensi lux publica mundi*, car „il produit le jour, dit saint Ambroise, par sa brillante clarté; il verse par tout le monde les flots de sa lumière immense et anime toute la nature de sa féconde chaleur.... Il est l'œil du monde, l'agrément du jour, la beauté des cieux, le charme de la nature, le plus beau de tous les êtres créés.[1] " — „Quand il se lève, dit le psalmiste, les bêtes fauves rentrent toutes dans leurs tanières et l'homme sort pour se livrer à son travail.[2] " Oh qu'elle est douce cette lumière venue d'en haut, non seulement aux regards, qui sont faits pour elle, — „l'œil se plaît, dit l'Ecclésiaste, à voir le soleil[3]; " — mais au corps tout entier qu'elle réchauffe, au cœur que ses rayons consolent, à l'âme intelligente qui, en la contemplant, songe aux splendeurs de la lumière divine!

Or, de même que le soleil brille dans les cieux comme le chef-d'œuvre du Très-Haut, *vas admirabile, opus Excelsi*[4], ainsi la vérité religieuse brille au firmament de l'Église pour éclairer partout les âmes des hommes. „Vos préceptes, dit le psalmiste, sont une lumière qui éclaire mes yeux.[5] " C'est précisément cette lumière, mes frères, que le riche, chrétien et charitable, fait briller à chaque visite aux regards du pauvre. C'est par les rayons de cette clarté venue du ciel, qu'il cherche à faire reculer la lumière sinistre venue d'en bas, lumière dont la diffusion se fait à notre époque d'une manière si effrayante.

---

[1] HEXÆMERON, lib. IV, C. I, 1.

[2] Ps. CIII, 22 et 23.

[3] ECCLE. XI, 7.

[4] ECCLI. XLIII, 2.

[5] Ps. XVIII, 9.

Oui, il s'élève en ce moment des doctrines funestes, lueurs abominables sorties de l'enfer et que des torrents de lave suivront peut-être bientôt. Sous les formes les plus variées, l'irréligion, c'est-à-dire la doctrine de Satan, pénètre dans les journaux, dans les livres, dans les entretiens, dans les discours publics; elle s'infiltre jusque dans les publications destinées à l'innocence; elle tend à corrompre la jeunesse, tourmente l'âge mûr, enlève à la vieillesse ses dernières espérances; elle s'étale comme en gerbes lumineuses dans la haute littérature et dans les productions d'une prétendue science à la foi vaniteuse et mensongère. Non content de propager ses théories par des moyens si divers, le démon voudrait les réduire en action. A la faveur d'une tolérance dont la vérité ne jouit pas toujours (on sait de quelles précautions il faut souvent user pour la défendre!), à la faveur, dis-je, de cette tolérance, les fausses doctrines tendent hardiment à leurs conclusions pratiques. Le volcan, après avoir exhalé sa fumée et fait jaillir ses flammes, lancera des pierres, vomira des cendres, épanchera sa lave, et le monde, sur le point de périr, s'écriera, peut-être trop tard : „Qu'avons-nous pensé, qu'avons-nous fait pendant que se préparait ce déluge de feu? Nous forgions des liens pour le pape; nous discutions ses droits; nous mettions tout notre esprit à éplucher les discours des évêques, à critiquer les dogmes et les institutions de l'Église: ah! pendant tout ce temps qu'était devenue notre sagesse? " — Ce qu'était devenue votre sagesse le psalmiste va vous le dire: „Quand la tempête est venue, s'écrie-t-il, ils se sont troublés, ils ont tremblé sur leurs pieds: *turbati sunt et moti sunt... et omnis sapientia eorum devorata est*, et toute leur sagesse a été renversée, engloutie, dévorée par l'abîme.[1] "

Faut-il s'en étonner? Saint Basile disait à l'éloge du soleil que les astres du firmament ne pourraient suffire tous ensemble à dissiper la tristesse de la nuit, tandis que le soleil

---

[1] Ps. CVI, v. 27.

la met en fuite dès son approche et avant même de paraître [1] : et nos faux sages ont cru pouvoir remplacer le soleil de la vérité catholique par quelques rayons obscurs venus d'en bas ! Bien mieux inspiré, le membre de la Société de Saint-Vincent-de-Paul demande au ciel pour lui et pour ses frères le flambeau sacré de la foi ; convaincu que le monde ne sera sauvé que s'il redevient chrétien et si le riche et le pauvre se rencontrent dans le souvenir de la miséricorde de Dieu, il commence par s'attacher lui-même, du fond du cœur, à la religion et à ses pratiques, à l'Église et à ses ministres, puis il sort de sa demeure, emportant un rayon de la lumière d'en haut et il entre chez le pauvre.

„Mon frère, lui dit-il, vous souffrez : j'ai moi-même déjà beaucoup souffert ; souffrons pour le Christ qui nous a aimés le premier. Vous m'aiderez de vos prières et je vous soulagerai par quelques offrandes. Mais votre front demeure assombri, votre cœur ne sent pas encore les approches de la miséricorde divine : il faut, mon frère, vous réconcilier avec Dieu, vous savez déjà comment, et quand ensuite je reviendrai auprès de vous, vous me comprendrez bien mieux ; quoique pauvre encore, vous serez heureux ; vous sentirez alors que Dieu nous visite chaque fois qu'il nous éprouve."

C'est par de telles paroles, pleines de lumineuses vérités, que Vous éclairez, Messieurs, et que Vous guérissez les âmes des pauvres. Pendant que d'autres se livrent à de stériles gémissements de ce que le monde ne soit pas assez chrétien, Vous, Vous avez entendu, comme autrefois les apôtres, l'appel si honorable : *Surgite, principes !*[2] Levez-vous, prenez vos boucliers, vous, les premiers d'entre le peuple fidèle !

Les apôtres, à cette voix, se levèrent, et ils travaillèrent si bien que cinquante ans après que Zacharie eut, à la naissance de saint Jean-Baptiste, annoncé au monde la visite

---

[1] In op. sex dierum hom. VI.
[2] Isaïe XXI. 5.

du soleil venu d'en haut, saint Pierre put entrer déjà dans Rome, dans cette Rome ingrate aujourd'hui, mais qui n'est pas encore perdue pour l'Église, et que saint Paul put dès lors rapporter à Jérusalem les offrandes charitables recueillies parmi les fidèles d'Europe en faveur de leurs frères en détresse.

Et quand l'appel d'en haut: *Surgite, principes!* se fit entendre à Paris, en 1833, à sept jeunes gens, âmes d'élite qu'affligeait la vue des misères matérielles et spirituelles de ce temps-là, ils se mirent résolûment à l'œuvre, et cinquante ans plus tard, lors de Votre fête jubilaire de 1883, la Société de Saint-Vincent-de-Paul comptait ses membres par milliers, dans toutes les régions du monde, et ne pouvait presque plus compter les pauvres soulagés et consolés par elle.

Sept années avaient passé depuis la fondation de la Société, quand six catholiques de Strasbourg entendirent la même voix: *Surgite!* levez-vous! — Ils se levèrent, les premiers. Ils étaient six, le 8 décembre 1840, et ils furent vingt avant la fin du mois, et aujourd'hui, après cinquante ans, ils sont de cinq à six cents répartis dans vingt-huit Conférences sur l'Alsace tout entière. Et qui dira toutes les larmes qu'ils ont séchées, toutes les misères qu'ils ont soulagées, toutes les clartés qu'ils ont répandues? Le Soleil se levant d'en haut a visité une foule de familles et c'est Vous, Messieurs, qui avez eu l'honneur d'être ses précurseurs.

Oui, Messieurs, je songeais à Vous en lisant ce matin ces paroles du saint Évangile: „Il y eut un homme envoyé de Dieu dont le nom était Jean. Il vint comme témoin pour rendre témoignage à la lumière, afin que tous crussent par lui. Lui-même n'était pas la lumière, mais il devait rendre témoignage à la lumière.[1]“ C'était là, Messieurs, Votre mission: Vous deviez rendre témoignage à la lumière, et parce que Vous avez été fidèles à cette vocation si miséri-

---

[1] JEAN I, 6—8.

cordieuse à l'égard du pauvre, nous Vous avons rendu publiquement témoignage à Vous-mêmes et nous acclamons en Vous les hommes de la miséricorde.

Je sais, Messieurs, que Vous n'êtes pas venus pour recevoir ces éloges; Vous ne songez pas à imiter le Pharisien de l'Évangile, qui eût dit à Votre place: „Chaque semaine je visite les pauvres et je leur donne une partie de ce que je possède." Vous êtes venus pour remercier Dieu du bien dont il Vous a faits les instruments depuis cinquante ans; pour lui demander pardon, tous ensemble, de vos négligences et de vos omissions; pour Vous encourager par l'aspect du nombre et par la contagion du zèle, et aussi pour demander à Vos frères, membres d'autres associations, et à tous les catholiques qui jouissent d'une certaine aisance et qui ont conservé le souvenir de la miséricorde de Dieu, qu'ils veuillent se liguer avec Vous pour travailler en commun dans la Société de Saint-Vincent-de-Paul, à une œuvre si utile à la gloire de Dieu, au salut des âmes au bien de l'Église et de la société.

Puissiez-vous, Messieurs, voir le succès de Votre appel, comme autrefois Simon-Pierre et ses amis, lorsque, constatant leur pêche miraculeuse et le danger que couraient leurs filets de se rompre, ils firent signe à leurs compagnons de l'autre barque de venir à leur secours![1] C'est à tous les catholiques pratiquants qui jouissent de quelque aisance, que la Société de Saint-Vincent-de-Paul fait signe aujourd'hui: „Venez, dit-elle, venez nous aider!" Que ceux que la grâce invite à obéir à cette voix n'examinent pas trop scrupuleusement leur situation de fortune! Si vous n'êtes pas, mon frère, du nombre des riches proprement dits, cette circonstance ne doit pas vous arrêter; la Société ne vous demandera que des offrandes légères, des prières, des exemples édifiants; mais si vous êtes riche et considéré, pensez qu'alors vous êtes doublement appelé; car votre fortune mieux assise vous permettra d'être

---

[1] Luc V, 7.

un peu plus généreux; car vos exemples, par leur prestige, entraîneront plus facilement vos confrères, feront une impression plus salutaire sur l'âme du pauvre; votre condescendance à l'égard de l'indigent contribuera plus puissamment à fermer les plaies sociales; votre abaissement volontaire dans la visite du pauvre reproduira plus fidèlement les abaissements de la miséricorde divine. Vous ferez mieux comprendre et aimer cette miséricorde chez les pauvres que vous visiterez, et le rayon de lumière que vous porterez dans leurs demeures paraîtra tomber de plus haut et brillera d'un plus vif éclat. N'est-ce pas dans les premières classes de la société que Saint-Vincent-de-Paul, dans beaucoup de villes, a recruté ses disciples? Et les raisons que le président général de cette belle Association faisait valoir en 1849, ont-elles peut-être perdu de leur force? M. Baudon annonçait alors que, si la diffusion des mauvaises doctrines n'était pas combattue, l'anarchie la plus brutale et la plus sauvage remplacerait la religion et les bonnes mœurs et qu'il n'en pourrait sortir que des déluges de sang. „Or, ajoutait-il, c'est aux chrétiens sincères à prévenir ces fléaux; c'est à eux de prouver que la religion n'est pas bonne seulement pour le peuple, comme on a eu l'insolence de le dire; mais qu'elle est bonne pour tous et surtout pour ceux qu'on appelle les heureux de ce monde.[1]“

Hâtez-vous donc, mes frères, si vous tenez à éloigner de vous et de vos enfants d'incalculables malheurs et, puisqu'il n'y a qu'une manière d'arrêter le débordement du mal, cherchez à vous rencontrer avec le pauvre, comme membres de la Société de Saint-Vincent-de-Paul, dans le souvenir commun de la miséricorde divine et à faire luire à ses regards quelques rayons de la lumière d'en haut. Et quant à Vous, Messieurs, qui depuis longtemps propagez cette céleste clarté, persévérez dans Votre belle Œuvre, afin que vous puissiez en recueillir, au grand jour de la rétribution, une gloire infiniment

---

[1] Circulaire du 1er Novembre 1849 (Manuel de 1855 p. 324).

supérieure à toute celle que les hommes pourraient Vous offrir.

Mais le monde aussi, je puis vous en donner l'assurance en terminant, finira par comprendre ce qu'il Vous doit et comprendra tout d'abord qu'il n'a aucun reproche à Vous adresser. On connaît la belle parole que, du fond de la fosse aux lions, Daniel put adresser au roi Darius de l'Écriture. Après une nuit que le prophète avait passée tranquillement au milieu de ces monstres effrayants, tandis que le roi coupable en attendait la fin dans de cruelles insomnies, le monarque, à l'aube du matin, était venu pencher sa tête royale jusqu'à l'orifice de la fosse, et d'une voix entrecoupée par les larmes, il s'était écrié: „Daniel! Daniel! serviteur du Dieu vivant, ton Dieu que tu adores sans cesse, a-t-il pu te délivrer des lions?“ — „Il a envoyé son ange, répondit Daniel, il a fermé la gueule des lions: ils ne m'ont fait aucun mal, parce que j'ai été trouvé juste devant lui; mais devant vous aussi, ô roi, je ne suis coupable de rien! *Sed et coram te, Rex, delictum non feci.*[1]“ Parole magnifique, Messieurs, et que la Société de Saint-Vincent-de-Paul aurait pu, depuis cinquante ans, redire à son propre compte, toutes les fois qu'elle a été soupçonnée ou accusée. Quel est le Souverain auquel elle n'aurait pu dire: *Sed et coram te, Rex, delictum non feci?* C'est pourquoi, de même que Daniel, justifié par Dieu, fut traité en ami par son roi, ainsi la Société de Saint-Vincent-de-Paul, si elle persévère dans son esprit primitif de piété, de simplicité et d'union fraternelle, verra venir le jour où les puissances de la terre devront reconnaître qu'elle a rendu les plus grands services au monde et qu'elle a en quelque sorte sauvé la société du naufrage. Si autrefois un consul romain a pu dire, non sans quelque vérité, mais avec une trop grande vanité: „Je jure que j'ai sauvé la république“, les membres

---

[1] DANIEL VI, 22.

de la Société de Saint-Vincent-de-Paul pourront s'écrier avec plus de droit, mais avec plus de modestie: „Dieu nous est témoin, ce Dieu qui nous a visités dans sa miséricorde et éclairés de sa lumière, qu'avec sa grâce nous avons préservé la société de grands malheurs, sauvé beaucoup d'âmes, sanctifié les nôtres. Que le nom de Dieu en soit béni! que la gloire de nos œuvres revienne, non à nous, mais à Dieu même! *Non nobis, Domine, non nobis; sed nomini tuo da gloriam!*" *Amen.*

HISTORIQUE DES CONFÉRENCES

DE STRASBOURG.

Rapport lu à l'Assemblée extraordinaire du 29 novembre 1891, présidée par Monseigneur MARBACH, et à l'Assemblée ordinaire du 8 décembre 1891, présidée par Monseigneur FRITZEN.

Dans la grande famille humaine il n'est réservé qu'à un bien petit nombre de privilégiés de célébrer la fête qui nous réunit aujourd'hui. C'est une chose si rare qu'un cinquantenaire dans la vie des hommes! Et, s'il est rare dans la vie des hommes, il l'est encore bien plus dans celle des Sociétés.

Y en a-t-il qui arrivent au demi-siècle? De nos jours surtout où tant d'associations naissent avec fracas pour disparaître souvent après avoir à peine vécu.

Et si nous en trouvons, sont-elles restées les mêmes pendant cette longue période de temps? Ont-elles conservé leurs statuts et leurs règlements d'origine? Certes non!

Et c'est pourtant ce qu'il faut admirer dans la Société de Saint-Vincent-de-Paul et dans les Conférences de Strasbourg. Non-seulement nous existons depuis 50 ans, mais encore nous procédons en tout comme les premiers jours.

Changeons la date d'un procès-verbal de 1841 et nous pourrons exactement l'appliquer à 1891. Cela nous a vraiment touché, non pas de trouver le but et l'objet le même, mais l'ordre des séances en tout semblable à celui d'aujourd'hui.

Chargé de retracer devant vous la vie de ces 50 ans, je veux, avant de l'entreprendre, vous prier d'être indulgents pour votre rapporteur.

Comme nos archives sont très incomplètes, il m'a fallu puiser des renseignements un peu partout, et forcément mon travail s'en ressentira.

Si aussi je mets votre patience à une épreuve un peu trop rude, vous me le pardonnerez certainement en songeant combien un pareil travail est ingrat, qu'il a dû être fait à la hâte, et que l'histoire de la charité est forcément un peu monotone. Il en est de ses actes comme de ses paroles. Le Père Lacordaire a dit avec raison : „L'amour n'a qu'un mot ; en le répétant toujours, il ne le redit jamais."

Pendant les premiers jours de décembre 1840, M. l'abbé Jacques Mertian proposa à quelques-uns de ses amis de fonder à Strasbourg une „Association dont le but serait de pratiquer des œuvres de bienfaisance et de charité", et il leur expliqua que pareille Association existait déjà depuis quelques années à Paris et dans plusieurs autres villes.

Les amis du pieux prêtre se rendirent à cet appel et se réunirent le 8 décembre, au nombre de six, pour fonder une œuvre régie par les mêmes statuts que celle de la capitale.

Dans cette première réunion on lut le règlement ; après la lecture chacun des six messieurs présents déclara vouloir entrer librement dans la Société de Saint-Vincent-de-Paul. Il ne m'a pas été possible de retrouver les noms de ces six confrères-fondateurs qui, ce jour-là, ont jeté dans notre bonne ville le germe de l'œuvre à laquelle nous sommes heureux d'appartenir.

A la seconde séance, tenue le 13 novembre, 5 nouveaux membres vinrent se joindre aux 6 premiers. Étant déjà en nombre, on constitue le bureau ; les nouveaux associés votent un président, M. Antoine Saglio, et un secrétaire, M. de Reinach.

A la troisième séance, le 20 décembre, 4 autres membres se présentent, ce qui met le chiffre à 15, et on nomme un trésorier, M. de Golbéry.

Puis le président propose aux associés de se mettre en

rapport avec les autorités ecclésiastiques et, à cet effet, de se rendre chez Monseigneur le Coadjuteur, alors Monseigneur Ræss. Il proposa en outre d'assister à une messe en commun, afin d'attirer sur les œuvres de la Société les bénédictions de Dieu. Ces propositions sont acceptées avec joie, et on décide de prier Monseigneur de faire dire, à la Cathédrale, une sainte messe, à laquelle on assistera en corps. Pour finir, le nouveau trésorier, qui ne veut pas que sa charge soit une sinécure, fait la première quête, ce qui n'avait eu lieu aux deux réunions précédentes.

A la quatrième séance, le 26 décembre, 4 nouveaux membres sont admis. Le secrétaire y donne lecture d'une lettre, écrite au nom de l'Association de Strasbourg au Secrétariat général de Paris, pour demander l'affiliation. La nouvelle Société adopte ensuite comme sienne l'œuvre des écoles militaires que M. l'abbé Mertian avait fondée en 1839, et, pour terminer, M. Poirot est chargé des fonctions de gardien du vestiaire.

Voici donc notre première Conférence strasbourgeoise constituée. Elle compte au bout d'un mois d'existence 19 membres actifs, quelques membres-souscripteurs, a son bureau au grand complet et a déjà distribué aux pauvres 117 portions de soupe, 31 paniers de bois et 38 fagots.

Les bénédictions de Dieu qu'elle a appelées sur elle par ses prières ne lui manqueront pas, et nous la verrons peu à peu se développer pour arriver aux 12 Conférences que nous possédons aujourd'hui.

Le 24 janvier 1841, le président lit la clause du règlement concernant le bon ordre à observer aux réunions, ainsi que celle qui règle l'admission de nouveaux membres, à laquelle il faudra se conformer à l'avenir. M. de Reinach, secrétaire, quittant Strasbourg, est remplacé le 4 avril par M. Bernhard, ce vétéran de nos Conférences, seul survivant de cette phalange d'hommes pieux et dévoués, qui sont à inscrire dans le livre d'or de notre Société. Le même jour a lieu l'admission de M. Eugène Petiti, notre regretté président général. M. Maillet fait depuis trois semaines partie de la nouvelle Association et se consacre surtout à l'œuvre des militaires.

Dans cette séance aussi M. l'abbé Mertian annonce que l'œuvre de Saint-Joseph vient de se constituer à Strasbourg. Son but, dit-il, est de patronner les jeunes ouvriers et les apprentis, de surveiller leurs mœurs et leurs intérêts matériels. On les réunit les jours exempts de travail pour les arracher à l'oisiveté et aux mauvaises compagnies. Il réclame pour la nouvelle Société la confraternité et l'appui de Saint-Vincent-de-Paul, et exprime le vœu de voir quelques membres se joindre au Comité de Saint-Joseph pour l'aider.

Ce bon M. Mertian nous paraît avoir été une vraie Providence pour notre cité. Dès qu'une œuvre nouvelle surgit, c'est par lui qu'elle naît.

On lui accorde tout ce qu'il désire, et, de plus, on met à sa disposition la petite bibliothèque déjà existante et les quinquets servant à l'école militaire. C'était le luxe d'éclairage d'alors.

C'est également pendant cette séance (vous voyez qu'elle était bien remplie) que le président proposa de former une section spéciale pour l'œuvre de „Saint-François-Régis", qui s'occupe à réunir les titres nécessaires aux pauvres pour l'admission au mariage civil et religieux.

C'est ici, Messieurs, l'occasion de vous apprendre que la Conférence se partagea en trois sections :

1º celle des secours aux pauvres ;
2º celle de l'instruction des militaires ;
3º celle du mariage des concubinaires.

Toutes les trois avaient leur organisation propre, leur bureau et des réunions spéciales ; mais toutes ressortissaient à la Conférence qui avait à fournir à leurs dépenses par une caisse commune. Le membre admis choisissait une section, les plus zélés se faisaient inscrire dans deux.

La Conférence ne se réunissait que tous les 15 jours, tandis que la section des secours s'assemblait toutes les semaines.

A la réunion du 27 juin, un membre proposa de remplacer la quête en séance par une cotisation annuelle, „car, disait-il, les nombreux absents font rester cette première à un niveau bien peu élevé." On repoussa cette mesure comme contraire au règlement. Par contre, il fut décidé que, pour constater la part que chacun aura prise dans les œuvres, les noms des membres présents à chaque séance seraient inscrits en tête du procès-verbal.

Par suite de cette décision, nous trouvons à la séance suivante, le 11 juillet, 24 présents et 4 excusés, dont les noms suivent :

Saglio Ant., président; Rœderer, vice-président; Bernhard, secrétaire; Leclerc, trésorier; Deleuze, Hamart, Girardot, Poirot, Husson, Durieu, Petiti, Drach, Liebermann, Bechamp, Gsell, Munschina, Mertian, Blaise, Sommervogel, Kopf, Laroche, Deyber, Guise, Maillet, Simon, Metz, Fahlmer et Mayer.

La première fête patronale fut célébrée à la Cathédrale, le jour de Saint-Vincent-de-Paul, par une sainte messe.

Le 10 octobre, une proposition de fusionner l'œuvre de Saint-Joseph avec la Société de Saint-Vincent-de-Paul est ajournée. On attendra des avances plus directes du Comité de Saint-Joseph.

Le 21 novembre eut lieu le premier sermon de charité. Il est prêché par M. l'abbé Millet et produit 453 fr.

A la fin de l'année, le nombre des familles secourues s'élevait à 40.

Le 9 janvier 1842, M. Beck, délégué de Saint-Joseph, demanda la formation d'une Commission de 5 membres, chargée d'examiner les relations qui pourraient s'établir entre les deux Sociétés dans l'intérêt des pauvres et des apprentis.

Peu après, Saint-Joseph fait un appel pour trouver des maîtres volontaires dans l'école qu'on vient d'ouvrir, appel auquel 4 membres répondent.

A la séance du 13 février, et devant 34 membres présents, M. Mayer, avocat, expose l'idée de former un Cercle, qui serait ouvert tous les soirs, et où seraient déposés des ouvrages choisis, des revues, etc.

Le président annonce de son côté qu'un don de 500 fr. est spécialement destiné à établir ce Cercle; aussi on vote unanimement l'exécution de ce projet, et le 1er mars suivant, le Cercle est ouvert pour la première fois. Les membres du Comité de Saint-Joseph peuvent en profiter aux mêmes conditions que ceux de Saint-Vincent-de-Paul. Il est ouvert tous les jours de 6 1/2 à 10 heures. L'article 10 du règlement dit que tous les soirs de 8 à 8 1/2 heures il sera fait, par un des membres présents au Cercle, une lecture édifiante ou instructive dans un livre choisi par le bureau de la Conférence.

Les lettres du maire et du préfet, accordant l'autorisation de se constituer légalement, furent reçues le 24 juin. Cette autorisation avait été demandée le 27 février.

La seconde fête patronale fut de nouveau célébrée le 19 juillet à la Cathédrale, et l'assemblée eut lieu le 31 du même mois.

C'est la première fois que la Société naissante se réunit en une assemblée générale, à laquelle prennent part des invités étrangers à la Société. Aussi je crois que ce ne sera pas sans intérêt que vous apprendrez comment elle se passa. Monseigneur Ræss, alors encore Coadjuteur de Monseigneur de Trévern, présida, ayant à ses côtés le préfet du Bas-Rhin et le général commandant la division.

Messieurs les membres-souscripteurs, un grand nombre de personnes notables, tant ecclésiastiques que civiles et militaires et quelques membres d'autres Conférences se sont réunis à ceux de la Conférence de Strasbourg.

Après la prière, dite par Monseigneur, le président, M. Antoine Saglio, prononce un beau discours, dans lequel il explique à l'Assemblée le but de la Société, puis il raconte l'histoire de la Conférence de Strasbourg, pour terminer par une magnifique allocution aux membres présents.

Ensuite le secrétaire, M. Bernhard, que nous avons le

bonheur de compter encore parmi nos confrères actuels et qui certainement occuperait ici la place d'honneur s'il avait pu se rendre à notre assemblée d'aujourd'hui, le secrétaire, disons-nous, donne lecture d'un touchant compte-rendu des travaux de la Conférence depuis son origine jusqu'au 30 juin 1842.

A cette date, la Conférence comptait 52 membres, dont
24 pour la section des secours,
21 pour celle des militaires
et 7 pour Saint-Régis.

La section des secours visitait 48 familles et en avait 40 en réserve. Vous voyez que sous ce rapport nos chers prédécesseurs étaient aussi favorisés que nous.

L'école des militaires avait lieu 3 fois par semaine et comptait de 80 à 120 élèves.

Saint-Régis avait fait célébrer 12 mariages et légitimer 13 enfants.

Les recettes de ces 19 premiers mois se sont élevées à 4477 fr. 05 c., dont la plus forte partie est fournie par les

souscriptions et dons 2243 20,
quête aux séances . . . . 980 —,
sermon de charité 453 85,
1 piano mis en loterie . . . . . . 800 —.

Pour cette même période de temps, les dépenses se chiffrent par 3687 fr. 90 c., dont
2514 40 pour secours aux pauvres,
605 55 pour l'école,
297 85 pour Saint-Régis et
270 10 pour frais divers.

Cette intéressante lecture terminée, M. le Chanoine Achon adresse une allocution à l'Assemblée. Il encourage les sociétaires à persévérer dans leur belle entreprise et les félicite du bien déjà acquis. La quête qui précède la prière produit 250 fr.

Les fruits de cette première Assemblée ne devaient pas se faire attendre longtemps. Elle amena à l'Association quelques membres nouveaux et lui acquit des souscripteurs.

En novembre, quelques amateurs donnèrent un concert qui rapporta 608 fr., et dans ce même mois on encaissa 880 fr., produit d'une loterie qu'on avait organisée avec quelques vieux tableaux dégagés du Mont-de-Piété.

Dans la séance du 17 décembre eut lieu l'admission de ce bon docteur Huber, que vous avez tous connu. Depuis ce moment jusqu'à sa mort, survenue il y a seulement quelques années, il resta fidèle à notre Société et y fut un modèle d'assiduité.

Dans cette même séance, M. Maillet annonça que 8 des militaires de l'école se préparaient à leur première communion.

Je suis certain, Messieurs, que beaucoup d'entre vous pensent en ce moment que, si le rapporteur devait continuer à être aussi prolixe pour les 48 années dont il a encore à vous rendre compte qu'il l'a été pour les 2 premières, il vaudrait mieux passer de suite à l'année 90, pour au moins encore finir avant minuit.

Rassurez-vous, Messieurs, nous allons procéder avec plus de rapidité et vous raconter à grands traits nombre d'années. Ce sera long tout de même, il y en a tant.

Pour ces premiers temps, j'ai pensé que vous entendriez avec plaisir tous les détails qui ont accompagné et suivi nos premiers pas.

L'année 1843 se passa sans incident remarquable. La nouvelle Société inscrivait à la fin de l'année son 108e nouveau membre.

Nous avons eu sous les yeux la liste de ces 108 confrères, et nous avons compté parmi eux 40 étudiants ou licenciés en droit. C'est vous dire que c'est la jeunesse surtout qui s'était prise d'enthousiasme pour l'œuvre nouvelle.

La marche toujours ascendante de la Société fit songer à la création d'une Conférence nouvelle. On hésita longtemps, car on craignait qu'une séparation ne nuisît à l'ensemble des œuvres. Et puis de solides amitiés s'étaient formées dans ces travaux pour le bien, et on croyait y porter atteinte.

Toutefois, en présence de l'intérêt de l'œuvre, le président tranchada question. Il procéda à la formation d'un Conseil particulier et créa le 14 novembre 1844 la Conférence Notre-Dame, dont la première réunion eut lieu le 20 du même mois. Elle eut pour président M. Krick, négociant; pour vice-président M. Oberlin, professeur à l'École de pharmacie; pour trésorier M. Bernhard, et pour secrétaire M. Werlé, professeur. L'autre Conférence prit le nom de Saint-Pierre. Les membres durent opter pour l'une ou pour l'autre. Il se trouva que les membres les plus âgés entrèrent à Notre-Dame et que les plus jeunes restèrent à Saint-Pierre.

Comme c'étaient les vieux membres surtout qui faisaient partie de la section des secours, il arriva que presque toutes les familles secourues leur tombèrent en partage. Ils en eurent 74 pour 17 membres. C'était beaucoup; mais, comme nous dit un rapport, „quoique vétérans, ils montrèrent qu'ils n'étaient pas invalides". Le président à lui seul se chargea de 11, et ses confrères l'imitèrent.

Vers la fin de l'année, le nouveau Conseil prit une décision qui obligeait chaque Conférence à lire 4 fois par an le règlement de la Société.

C'était une bonne mesure que nous pourrions de nouveau remettre en vigueur. Cela nous serait utile si nous le faisions au moins 1 ou 2 fois par an.

Quoique séparées, les deux Conférences n'avaient pas encore de ressources propres. Le Conseil centralisait les fonds et subventionnait les Conférences et les œuvres spéciales.

Fin mai 1845 eut lieu une Assemblée générale, à laquelle assista M. l'abbé Ratisbonne.

En janvier 1846, la Conférence Notre-Dame, qui était débordée, céda 12 de ses familles à Saint-Pierre.

Vers la fin de l'année, le premier président, M. Antoine Saglio, forcé de s'absenter pour passer l'hiver dans un climat plus doux, manifesta l'intention de donner sa démission. Il renonça à ce projet sur l'instance unanime des deux Conférences qui, dans une adresse, déclarent qu'elles n'oublieront jamais les immenses services qu'il a rendus à la Société, dont il est l'âme et le fondateur.

Par suite de cette absence forcée, M. Maillet est nommé, le 7 février 1847, à la présidence de Saint-Pierre.

Le 17 juin, M. Saglio revient de Rome, où il a passé l'hiver, et reçoit les félicitations de tous les associés, auxquels il rapporte une bénédiction spéciale du Saint-Père. Vers cette époque aussi, la Conférence Notre-Dame décida que la durée des séances ne dépasserait plus 1 $^{1}/_{2}$ heure. — Ce n'est plus aujourd'hui qu'on aurait besoin de prendre pareille mesure.

Une quête faite pour les Irlandais rapporte 842 fr.

Les événements qui se préparaient se faisaient déjà sentir dans la vie publique ; la politique commençait à monter les têtes, aussi voyons-nous le président de Notre-Dame faire une longue harangue à ses confrères, qu'il trouve souvent trop bruyants, trop inattentifs.

Si une pareille admonition était nécessaire aux vétérans, vous pouvez penser que les jeunes de Saint-Pierre en méritaient bien autant ; aussi voyons-nous là-bas le président parler également de relâchement, de négligence.

De son côté, le Conseil décida, fin 1847, que toute proposition ne concernant pas directement les œuvres, devait être rejetée sans discussion.

Le 9 décembre, les présidents de Notre-Dame et de Saint-Pierre annoncent à leurs confrères la démission de M. Gossin, président général à Paris, et son remplacement par M. Ad. Baudon, alors âgé de 28 ans.

A Notre-Dame on apprit cette élection avec plaisir, tandis que les jeunes de Saint-Pierre trouvèrent le nouveau président un peu .... jeune et écrivirent à Paris dans ce sens.

En février 1848 arriva une circulaire annonçant l'intention de publier un bulletin pour la Société. Nos confrères s'inscrivirent pour une quinzaine d'abonnements.

Survinrent les événements de 1848 : la république est proclamée !

En avril, le président de Notre-Dame, M. Krick, fut frappé d'un coup d'apoplexie. Dans la séance du 6, cette Conférence décida que, vu la situation politique actuelle et jusqu'à ce que les affaires aient repris, les réunions seraient suspendues.

A Saint-Pierre, par contre, on continua à s'assembler tous les huit jours. Les présents sont parfois peu nombreux, mais qu'importe, et, à défaut du Conseil, c'est Saint-Pierre qui prend les mesures pour la célébration de la fête de Saint-Vincent-de-Paul.

Après quatre mois d'interruption, la Conférence Notre-Dame reprit ses séances le 4 août. Son président, étant encore malade, avait donné sa démission.

Il fut remplacé par M. Eugène Petiti, jusque-là vice-président de Saint-Pierre. Sous sa direction nous voyons bientôt la Conférence se développer et avoir vers la fin de l'année une moyenne de 15 à 18 présents par séance. Disons aussi que les gardiens du vestiaire avaient une forte charge et que ce dernier était bien fourni ; presque à chaque réunion se produisaient des demandes d'habits.

Le 16 janvier 1849 notre regretté confrère M. Ch. Meniolle, membre depuis 3 ou 4 ans, fit ses adieux à ses collègues. Il quittait Strasbourg pour n'y revenir que 35 ans plus tard reprendre sa place dans nos rangs. Vous savez, Messieurs, avec quelle ardeur il se consacra à notre Société jusqu'au moment où, trop tôt pour nous, la mort vint l'arracher à son activité.

L'année 1850 commença par le concert annuel. En deux séances, Notre-Dame place 354 billets d'entrée. Saint-Pierre rivalise de zèle avec sa sœur jumelle, aussi cette soirée musicale rapporta-t-elle le joli denier de 1237 fr.

Constatons aussi, en passant, que les procès-verbaux de Notre-Dame étaient tenus avec une exactitude méticuleuse et nous en avons trouvé qui dépassaient 9 pages pour une seule séance.

Après avoir vu notre chère Société naître tout modestement, puis grandir peu à peu, nous l'avons aussi vue, en un temps relativement court, se développer avec vigueur et jeter dans notre bonne ville des racines si vivaces que bientôt il fallut en former deux branches. Six ans se sont écoulés depuis, et maintenant une troisième Conférence est en formation, celle de la Robertsau. Elle fut créée le 3 février 1850 et MM. Dagon et Maillet en présidèrent l'installation. Elle eut pour président M. Xavier Schæffer et se composa de 8 membres-fondateurs. Ses premières réunions eurent lieu dans une salle de l'école communale.

Au mois d'avril, le zélé vice-président de Notre-Dame, M. Dagon, fut nommé commandant du génie de Schlestadt. Notre vaillant confrère ne resta pas longtemps inactif, car 4 mois plus tard le Conseil eut la joie d'agréer la Conférence qu'il avait fondée dans sa nouvelle résidence.

En novembre, l'Usine à gaz (le temps des quinquets est passé) fit un don de 2000 k de coke à la Conférence Saint-Pierre et un peu plus tard un autre de 1000 k de houille au Conseil. En décembre, on fait une quête dans les trois Conférences pour l'érection d'un monument à Saint-Vincent-de-Paul dans sa ville natale.

Au 1er décembre 1850

Notre-Dame comptait 36 membres visitant 107 familles,
Saint-Pierre „ 30 „ „ 75 „
la Robertsau „ 8 „ „ 15 „

Ensemble 74 membres et 197 familles pauvres.

Saint-Régis avec 6 membres avait fait 60 mariages dans un an et l'école militaire occupait 16 membres comme professeurs et moniteurs pour plus de 100 élèves.

De plus, 2 ou 3 membres avaient mission de soigner la petite bibliothèque que la Société venait d'installer à l'Hôpital militaire.

Vous voyez, Messieurs, que l'ouvrage ne manquait pas, mais rien n'était pénible pour nos confrères quand il s'agissait des œuvres de charité. Ah! nous pouvons être fiers de nos prédécesseurs! Le seraient-ils autant de nous s'ils pouvaient reprendre leurs rangs?

Fin décembre, le Conseil de Cologne adressa au Conseil de Strasbourg une lettre, dans laquelle il est dit, qu'il importe beaucoup que les œuvres de la Société de Paris soient bien connues partout et qu'il serait bon de les propager dans l'idiome de tous les pays ayant des Conférences. Aussi a-t-on à Cologne l'intention de publier un bulletin allemand, et on voudrait savoir si l'on pourrait en placer en Alsace?

Le Conseil s'inscrivit pour 3 abonnements.

En avril 1851 le président de Saint-Pierre rappelle à ses confrères que les absents aux séances doivent se faire excuser avec offrande s'ils veulent recevoir leurs bons. Presqu'en même temps, M. Petiti dit aux membres de Notre-Dame que les bons doivent être portés au domicile des pauvres et non distribués sur le palier ou dans l'escalier des visiteurs.

Ces deux observations s'appliquent si bien à ce qui arrive encore parfois maintenant, malgré les 40 ans écoulés, que je ne puis m'empêcher de vous les citer, pensant que nous pourrons toujours en tirer un peu profit.

Le 29 mai nous saluons la création d'une quatrième Conférence, celle de Sainte-Madeleine.

Elle eut pour président M. Haïus, pour vice-président M. Joubert, pour secrétaire M. Sommervogel et pour trésorier M. Huck. Trois de ces Messieurs faisaient partie de Notre-Dame et un de Saint-Pierre. On leur assigna comme local l'école des militaires.

Animé du désir de voir une étroite harmonie régner dans la nouvelle Conférence, le Conseil fixa la limite d'âge des membres y entrant à 26 ans, le bureau excepté. Nous n'avons pas pu apprendre combien de temps cette mesure a existé.

Le 3 juillet, Notre-Dame passa 14 familles à sa plus jeune sœur.

En juin il fut question de former un Conseil provincial. Le Conseil de Strasbourg en référa aux Conférences d'Alsace, qui toutes adhérèrent à ce projet; ce sont les Conférences de Belfort, Colmar, Giromagny, Haguenau, Mulhouse, Schlestadt et Thann.

La haute protection de Monseigneur et le sympathique concours du clergé furent, dès le premier moment, acquis à notre Société et continuaient à soutenir et à encourager nos confrères. De temps à autre, Messieurs les curés autorisaient des quêtes dans leurs églises et contribuaient puissamment par leur parole à les rendre fructueuses.

Les RR. PP. Jésuites faisaient souvent des instructions et des conférences que nos confrères suivaient avec intérêt. C'est aussi un Père qui donnait l'enseignement religieux à l'école militaire.

Une excellente pratique d'alors consistait à prendre souvent comme sujet de lecture les comptes-rendus d'autres Conférences; par là on apprenait à connaître ce qu'on faisait plus loin et les œuvres nouvelles qui se créaient.

Le 6 décembre on constitua une commission d'organisation pour la distribution de soupes, composée de MM. Bvrguburu, Hamon, Petiti et Simon, avec mission de faire fonctionner la nouvelle œuvre pour le 1er février 1852.

Quoique le terme fixé fût bien court, car il fallait chercher un local, installer des cuisines, mettre en batterie des chaudières pouvant cuire 1000 litres par jour, faire des approvisionnements, et bien, malgré ces difficultés, ce premier fourneau économique fut inauguré le 9 février, après avoir été béni par M. l'archiprêtre Spitz.

Le prix de revient d'un litre de soupe a été le premier jour de 8 c., pour varier après entre 9 et 10 c.

Il faut croire que nos chers prédécesseurs avaient chacun un système particulier de cuisine; car à peine le fourneau fonctionna-t-il quelques semaines, que déjà le Conseil fut obligé de prier les Conférences de ménager leurs observations à la sœur cuisinière et de les transmettre purement et simplement à MM. Petiti et Simon.

Depuis quelque temps nous voyons la Conférence Saint-

Pierre devenir remuante. Ses séances sont houleuses et présagent la tempête. Cette Conférence voudrait, entre autres, que le Conseil soumît à son examen préalable certaines questions qui sont traitées d'emblée par lui.

La situation devient tellement tendue que le Conseil se voit forcé, le 27 juillet, d'y envoyer un délégué pour prêcher l'union et la conciliation. Nous ne savons pas comment ce représentant du pouvoir central s'y est pris, mais sa mission n'eut d'autre résultat que celui de forcer le Conseil à voter la dissolution de Saint-Pierre.

Le 3 août 1852 eut lieu la dernière séance de cette Conférence. Après la prière et la lecture, le président donna lecture de la décision du Conseil, libellée comme un jugement de Cour d'appel, où, après plusieurs vu que et attendu que .... l'article Ier porte : „La Conférence de Saint-Pierre est dissoute."

L'article II dit que les membres qui le désirent pourront entrer dans une autre Conférence avec l'assentiment préalable du Conseil.

Le procès-verbal de cette réunion, à laquelle assistaient 25 membres, dit encore que „sur l'injonction du président la séance est levée après cette lecture et qu'il y eut zéro quête et zéro prière !"

Ne nous attristons pas de cette exécution, car bientôt cette Conférence renaîtra avec plus de vigueur qu'avant.

Cette mesure importante fut communiquée au Conseil général de Paris qui la désapprouva, en disant que c'est à lui à prendre pareille disposition si besoin est. Néanmoins, par une lettre venue en septembre, le président général ratifia cette exécution, en exprimant le vœu de voir bientôt reconstituée sur de nouvelles bases la Conférence dissoute.

Le fourneau qui avait cessé ses distributions le 21 mai, recommence à fonctionner le 15 décembre.

C'est en 1852 que fut fait la première quête à domicile, et elle produisit 1323 fr.

Le 11 décembre, la Conférence Saint-Jean vit le jour et

on lui donna comme président ce bon M. Maillet, qui n'avait plus d'emploi depuis qu'on avait dissous sa Conférence. Il occupa ce nouveau poste avec un grand dévouement jusqu'au jour de sa mort, en 1882.

A l'occasion de cette nouvelle création, le Conseil se préoccupa de réorganiser les Conférences de Strasbourg et d'arriver à en établir une sur chaque paroisse. A partir de maintenant chacune devra pourvoir à ses besoins d'après ses propres ressources, tandis que le Conseil alimentera les œuvres spéciales. Il est donc décidé que

la Conférence Sainte-Madeleine n'agira plus que dans les limites de la paroisse de même nom ;

Saint-Jean également restera localisé dans les limites de sa paroisse, ainsi que la Robertsau;

tandis que Notre-Dame prend les pauvres de la Cathédrale, de Saint-Louis, Saint-Pierre-le-Jeune et Saint-Pierre-le-Vieux, jusqu'à ce que ces paroisses puissent aussi avoir une Conférence.

Chacune conservera les pauvres établis dans sa circonscription ainsi que les souscripteurs de la Société qui y résident.

Le Conseil aura pour ressources le sermon de charité, les quêtes des assemblées générales, ainsi que le produit des concerts ou loteries organisés dans l'intérêt général de la Société.

Ce fut l'avant-dernier pas fait vers les Conférences paroissiales.

En 1853 eut lieu la première réunion du Conseil central d'Alsace.

Vers la fin de l'année on créa la Conférence de Saint-Pierre-le-Vieux. Elle se réunit pour la première fois le 21 septembre et fut installée le 13 novembre.

Elle eut 10 membres-fondateurs que présida M. Schauffler, huissier. On lui donna comme trésorier M. Oster et comme secrétaire M. J. Pascal, notre cher vice-président actuel.

Le 19 décembre, le fourneau rallume le feu sous ses

vastes chaudrons. Pendant le premier exercice, il avait vendu 28,361 portions de soupe, et pendant le second 22,787.

Au commencement de 1854, nouveau concert qui produit 1600 fr., grâce à l'infatigable dévouement des membres chargés de l'organiser. Le 23 juillet eut lieu une réunion du Conseil central à Colmar.

Après une interruption de plus de deux ans, nous voyons avec bonheur la Conférence de Saint-Pierre-le-Jeune (c'est ainsi qu'elle s'appellera maintenant) se reconstituer. Elle tint sa première séance le 28 novembre 1854 au domicile de M. Ant. Saglio, déjà souffrant, qui avait fait l'impossible pour la faire renaître.

On lui donna comme président M. Alphonse Saglio, neveu du président du Conseil et ancien membre de Saint-André à Paris, qui, lui aussi, conserva cette charge jusqu'à son départ, après la guerre de 1870.

La première quête en séance produisit 35 fr., la seconde 45 fr. et ainsi elles continuèrent longtemps à osciller entre 25 et 35 fr. M. le curé Œhl ne manqua pas à une séance pendant les premiers temps, et après lui il y eut toujours, sans une seule exception, un des vicaires de la paroisse qui y assista.

Avec la Conférence de Saint-Pierre-le-Jeune reconstituée, toutes les paroisses avaient leur Conférence, sauf Saint-Louis.

Elle ne devait plus se faire attendre longtemps, et le 23 janvier 1855 elle vint prendre rang parmi ses aînées. Son président fut M. le docteur Herrgott.

Le 4 février, le R. P. Félix, prédicateur de Notre-Dame à Paris, prêcha le sermon de charité, qui rapporta 3085 fr. Depuis quelques années le Conseil général publiait à Paris la petite feuille connue sous le nom de *Petites Lectures*, qu'on distribuait aux pauvres et qu'on répandait parmi le peuple. En mars 1855 le président général s'informa près du Conseil de Strasbourg s'il ne serait pas possible de faire traduire ici les *Petites Lectures* et de les imprimer en Alsace, afin que les pauvres parlant l'allemand puissent aussi profiter de cette intéressante publication. M. Maillet fut chargé de prendre les informations nécessaires et bientôt il put apprendre au Conseil qu'un imprimeur était prêt à les fournir à raison de 27 fr. le mille. — Un professeur du Séminaire se chargea de la traduction et peu après cette petite feuille fit son apparition.

Ce bon M. Maillet était d'une ardeur extraordinaire pour toutes les créations nouvelles. Il était à peine quelques mois à la tête de la Conférence de Saint-Jean, qu'il dota cette paroisse d'un patronage de jeunes gens, qu'il dirigea avec amour jusqu'à sa mort.

En avril 1855 la Conférence Saint-Pierre-le-Jeune installa un fourneau économique dans la rue des Écrevisses. Les séances de cette Conférence sont très suivies, elle est plus florissante que jamais, car 7 mois à peine après sa reconstitution elle a déjà 2000 fr. en caisse.

Le 24 juin eut lieu à Schlestadt la réunion des Conférences d'Alsace, et du 13 au 19 juillet une grande Assemblée à Paris pour débattre les intérêts de la Société. Strasbourg y fut représentée par MM. Maillet et Schauffler.

Dans ce même mois de juillet un grand deuil vint frapper notre Société. La mort lui ravit son président-fondateur, M. Antoine Saglio, qui mourut à Holzheim le 14 et fut enterré à Walbourg.

C'est à lui que nous devons le développement rapide qu'a pris la Société de Saint-Vincent-de-Paul à Strasbourg. Tous ses confrères le pleurèrent comme un ami fidèle, un guide sûr et un conseiller toujours prêt à venir en aide. Ce que les pauvres perdirent en lui, Dieu seul pourrait le dire.

Monseigneur Ræss célébra dans sa chapelle privée une messe pour le repos de son âme, et sa famille versa 1200 fr. au Conseil pour honorer sa mémoire.

La Société ne devait pas rester longtemps sans direction.

Le 26 août on procéda à l'élection du nouveau président. La réunion eut lieu sous la présidence de M. Eug. Petiti.

Les délégués des sept Conférences de Strasbourg y prirent part et déclarèrent au nom de tous leurs confrères, ratifier avec bonheur le choix fait par le Conseil en la personne de M. Alphonse Saglio, neveu du vénéré défunt.

Toutes les autres Conférences de l'Alsace exprimèrent la même opinion, soit par des délégués, soit par correspondance.

Elles étaient au nombre de 12 : Altkirch, Benfeld, Belfort, Cernay, Colmar (Conférence-Mère et Conférence du Collège libre), Giromagny, Haguenau, Mulhouse, Saverne, Schlestadt et Thann.

En novembre, le Conseil décida que le fourneau de la rue des Écrevisses s'appellerait Sainte-Marie, celui du Fossé-des-Tanneurs Saint-Joseph, et le troisième, encore à créer, Sainte-Odile. Quelques jours plus tard, nouvelle décision qui oblige les Conférences à verser le dixième de leurs recettes dans la caisse du Conseil. Je ne voudrais pas vous certifier, Messieurs, que cette mesure causa un grand enthousiasme à nos chers confrères d'alors, mais contents ou non, ils payèrent.

Fin 1855 les Conférences ressortissant au Conseil de Strasbourg étaient au nombre de 19, comptant 400 membres actifs avec 971 familles pauvres.

Les recettes totales de l'année s'étaient élevées à 45,717 fr. et les dépenses à 38,311 fr.

L'encaisse au 1er janvier 1856 était de 8242 fr.

Pendant l'été de cette année 1856 notre président actuel, M. X.-A. Metz, se fit inscrire à Notre-Dame. Il avait été reçu membre l'année précédente par la Conférence d'Orléans.

Les années 1855 et 1856 nous paraissent les plus prospères de notre Société sous le rapport financier. Les quêtes sont belles, les souscriptions fructueuses et les dons et legs affluent, surtout à Saint-Pierre-le-Jeune.

Il n'y a que la Conférence de la Robertsau qui, alors comme aujourd'hui, était très riche en nécessiteux, mais pauvre comme Job sous le rapport des souscripteurs. Aussi se prit-elle le droit de glaner dans le champ des voisins et d'organiser des quêtes dans l'intérieur de la ville. Elle ne profita pas longtemps de cette bonne aubaine, car le Conseil la rappela bientôt à l'ordre, en lui déclarant avec douceur mais fermeté qu'elle devait absolument respecter les circonscriptions d'autrui.

Le 15 mai eut lieu l'ouverture du fourneau Sainte-Odile.

En juin, les Conférences votèrent des secours pour les inondés de Valence, et le 6 juillet eut lieu à Mulhouse la réunion des Conférences d'Alsace.

Les membres de nos Conférences strasbourgeoises assistaient à tour de rôle à la distribution des soupes dans les 3 fourneaux et veillaient au maintien du bon ordre. Ils ne craignaient pas de ceindre le tablier et de servir aux pauvres les portions qu'ils venaient chercher.

Le sermon de charité de 1857 fut de nouveau prêché par le Père Félix et produisit 1975 fr.

Le 26 juillet eut lieu à Strasbourg la grande réunion des Conférences d'Alsace. Le président général de Paris, M. Baudon, y assista, ainsi que des délégués de Cologne, Mayence, Metz, Nancy, Toul, etc. Nous regrettons de n'avoir pu trouver des détails sur cette imposante Assemblée.

Si nous ne vous avons pas parlé du succès que la publication des *Petites Lectures* a pu avoir, c'est que depuis le projet de création nous n'en avons plus trouvé trace dans les procès-verbaux. Ce n'est que dans la séance du 12 novembre 1857 que nous voyons le président annoncer que cette œuvre est peu prospère.

Une commission fut chargée de transformer cette publication. Celle-ci fait des démarches, s'entend avec M. l'Abbé Hemberger, et le 1er janvier 1858 paraît la nouvelle feuille qu'on appelle le *Volksfreund*. Elle compte en commençant 1600 abonnés pour monter quelques semaines plus tard à 2400.

Le Conseil général de Paris ne fut pas enchanté de cette transformation, et déjà le 20 février arriva une lettre de M. Baudon, déplorant qu'on ait changé le titre des *Petites Lectures* pour un autre et trouvant le prix de 2 fr. trop élevé.

Le 10 avril, deuxième lettre du président général qui estime qu'il y a lieu pour les Conférences de Strasbourg de se retirer officiellement de la direction du *Volksfreund*, tout en conservant à cette feuille leur appui et leur protection. Et pourtant la nouvelle publication allait bon train et comptait fin mai 3200 abonnés, presqu'assez pour se suffire.

Toutefois, le Conseil de Strasbourg s'inclina devant l'avis du Conseil général, et le 21 juin M. Saglio lut en séance une lettre adressée au rédacteur du *Volksfreund*.

Dans cette lettre il déclare que la Société de Saint-Vincent-de-Paul restera désormais étrangère à la rédaction de cette feuille, tout en continuant à l'appuyer de ses sympathies.

Dans le cours de cette année on fit, si je ne me trompe, le premier pèlerinage à Marienthal. Ces pèlerinages se sont continués depuis et, dans ces dernières années surtout, ont été très suivis. Ordinairement nos confrères de Haguenau, Reichshofen et Wissembourg viennent se joindre à nous au sanctuaire de la Vierge et on en profite pour tenir après la grand'messe une assemblée générale. Monsieur le Supérieur de Marienthal nous fait toujours un excellent accueil et nous sommes heureux de pouvoir ici l'en remercier.

Remarquons aussi que nos prédécesseurs assistaient chaque année à la retraite pour hommes, prêchée par les Pères Jésuites, et qu'en outre ils suivaient parfois encore des retraites spéciales.

En 1858, Saint-Pierre-le-Jeune distribua pour 3164 fr. de secours aux pauvres et fit 2747 fr. de recettes, dont 1232 fr. de quêtes aux séances. Ces chiffres sont éloquents.

En mars 1859 Saint-Pierre-le-Vieux protesta énergiquement contre la dîme prélevée par le Conseil, mais continua pourtant à la payer.

Le 31 juillet eut lieu à Strasbourg une nouvelle réunion des Conférences d'Alsace. Grand'messe solennelle à Saint-Étienne, banquet à l'hôtel d'Angleterre, à 1 ½ heure réunion des présidents et à 4 heures Assemblée générale.

L'année 1860 se passa sans rien d'extraordinaire. Les Conférences d'Alsace tinrent leur réunion annuelle à Mulhouse.

Les sphères gouvernementales, mal renseignées sur la Société, la voyaient depuis quelque temps d'un œil peu favorable, et le 12 novembre 1861 le Conseil général de Paris fut dissous. Par arrêté du préfet du 18 du même mois, le Conseil central de Strasbourg subit le même sort. Une circulaire annonça cette grave nouvelle aux Conférences d'Alsace et M. Saglio y ajouta de sa main : „En m'adressant à vous pour la dernière fois comme président, j'exprime l'espérance que vous resterez tous fidèles à notre esprit de charité envers les pauvres, que vous suivrez les derniers avis de M. Baudon et que vous vous rappellerez que vous avez acquis en moi un sincère ami."

Dès la fin du mois, les présidents des Conférences de Strasbourg adressèrent une lettre à M. de Persigny, ministre de l'Intérieur, pour demander le rétablissement du Conseil général et des Conseils centraux.

En février 1862, le ministre posa à toutes les Conférences la question suivante : „Les Conférences veulent-elles avoir à Paris un Conseil général formé par la plupart des membres de l'ancien Conseil, mais ayant pour président un haut dignitaire de l'Église nommé par l'Empereur, ou préfèrent-elles continuer à fonctionner isolément comme elles y sont autorisées aujourd'hui ?"

Avec des considérants maîtrement rédigés, la Conférence Saint-Pierre-le-Jeune déclare, à l'unanimité, „préférer l'isolement aux autres combinaisons qui lui sont proposées. La Conférence saisit aussi cette occasion pour renouveler le vœu que le gouvernement, mieux éclairé sur le but et les sentiments de la Société, lui rende, avec ses Conseils supprimés, une liberté dont elle n'a usé que dans l'intérêt de ses pauvres."

Inutile de vous dire que toutes les autres Conférences tinrent le même beau langage, et que toutes aussi restèrent sans Conseil général et sans Conseils centraux.

Le sermon de charité de 1862 fut prêché par M. l'archiprêtre Spitz. Il rapporta 1140 fr. 50 c.

Du 1er novembre 1861 au 31 octobre 1862 la Conférence Notre-Dame fit 1689 fr. 65 c. de recettes, dont 601 fr. 50 c. de quêtes aux séances, et distribua 2067 fr. 70 c. à ses pauvres. En 1863 ce fut le Père Marie-Bernard, de l'Ordre des Carmes déchaussés, qui parla pour nos pauvres et nous fit récolter 1769 fr. 80 c.

L'année 1864 vit se produire un événement important.

Je veux parler de l'acquisition de l'immeuble de la rue de l'Ancre, dans lequel on installa le fourneau Saint-Joseph, jusque-là rue des Tanneurs.

On n'avait presque pas d'argent, et pourtant nos courageux et tout de même prudents confrères ne craignirent pas de s'engager dans cette grande entreprise dont aujourd'hui nous recueillons les fruits.

Le prix d'achat fut de . . . . fr. 67,000
Les frais s'élevèrent à . . . . „ 8,000
L'appropriation et l'installation coûtèrent. „ 15,000
____

Ensemble . . . . fr. 90,000

Et maintenant, 26 ans plus tard, tout ce grand capital est amorti.

A qui, après Dieu, en sommes-nous redevables, Messieurs ?

D'abord, à notre cher confrère et doyen, M. Bernhard, qui a administré pendant tout ce temps la maison Saint-Joseph avec un dévouement infatigable, et puis surtout aux bonnes Sœurs qui en ont eu la direction. A Sœur Agathe surtout qui, depuis le premier jour jusqu'à sa mort, fut toujours la première au travail et la dernière au repos. Je puis en parler, car pendant longtemps j'ai eu journellement l'occasion de la voir à l'œuvre. Elle se réjouissait tant à voir un jour la maison libérée de ses dettes. Dieu ne lui a pas permis cette joie et nous l'a enlevée un peu avant le moment où ses vœux eussent été accomplies.

Elle fut du reste admirablement secondée par Sœur

Brigitte qui prit ensuite, pour peu de temps, hélas, sa succession. Dieu leur a sans doute depuis longtemps donné la récompense que méritaient ces deux vies de sacrifices.

Pendant cette même année 1864 se trouvaient au patronage de Saint-Joseph plusieurs patronnés particulièrement attachés à l'œuvre qui les avait formés et dont pourtant l'âge ne cadrait plus avec celui des jeunes qui les suivaient. M. Saglio pensa en faire les coopérateurs du Comité de Saint-Joseph et résolut de les réunir en une Conférence de jeunes gens, Conférence dont l'absence à Strasbourg avait depuis quelques années préoccupé l'infatigable président du Conseil.

Il commença par les réunir chez lui, rue des Juifs, tous les dimanches, faisant lui-même les fonctions de président, de secrétaire et de trésorier. Je laisse parler ici un des confrères-fondateurs, aujourd'hui curé dans un village de la Basse-Alsace, et qui m'a écrit à ce sujet: „Je ne puis penser sans larmes à ces années heureuses. Je n'ai jamais trouvé depuis de jeunes gens si entièrement, si loyalement, si franchement catholiques qu'étaient mes camarades. Nous étions pauvres comme Job. Nous donnions nos gros sous à la quête et nous avions 6 pauvres familles. Il y a des traits charmants que je ne puis vous raconter, mais je ne saurais oublier une des séances chez M. Saglio. Il pesait nos gros sous dans sa main et disait: Mes amis, je vous remercie de vos bonnes aumônes; elles valent mieux que ce que je puis faire avec ma fortune.“

Vous pouvez penser, Messieurs, qu'animés de pareils sentiments, ces jeunes gens devaient être unis.

Dans les premiers mois de 1865, la Conférence de Saint-Joseph se constitua définitivement et fut la huitième en rang. Ses réunions eurent alors lieu dans la maison Saint-Joseph. M. Saglio continua à la présider pendant quelque temps, puis nomma, pour le remplacer, M. Jules Morin, ce qui ne l'empêcha pas d'assister tous les mois à une séance.

Cette année aussi nous voyons M. Ed. Schæffer, un de

nos vice-présidents actuels, entrer à la Conférence de Notre-Dame, qu'il préside depuis la mort de M. Petiti, après en avoir géré les finances pendant une longue série d'années.

En 1867, le R. P. Félix prêcha pour la troisième fois en faveur de nos pauvres et leur procura 1844 fr.

En 1868, les Conférences votèrent un subside pour la Corférence de Londres qui avait fait un appel à ses sœurs plus fortunées.

Le sermon de charité de 1869 fut prêché par le Père Lacombe, de l'Ordre des Frères-Prêcheurs, et produisit 1467 fr. 10 c.

Disons vite, en passant, que la Conférence de Saint-Pierre-le-Jeune est toujours riche; mais, contrairement à ce qui arrive d'ordinaire, elle est bonne. Ainsi, le 26 août, elle vota 100 fr. pour les orphelins arabes et 150 fr. à partager entre les Conférences de Saint-Jean, Saint-Louis et Sainte-Madeleine. — N'est-ce pas là un élan de générosité à signaler et à servir comme exemple ?

Nous voici arrivés à cette malheureuse année 1870 qui devait amener tant de désastres à notre bonne cité. Ce fut un capucin, le Père Stanislas, qui, cette année-là, se fit l'avocat de nos pauvres et leur récolta 1228 fr. 35 c.

La fête patronale fut célébrée comme de coutume, malgré la déclaration de guerre qui venait d'avoir lieu, seulement à l'Assemblée générale du soir on annonça une messe avec communion générale pour le 31 juillet, afin de prier Dieu de nous épargner et de protéger les confrères appelés sous les armes.

On fit aussi une quête pour les blessés. Je n'ai pu en trouver le total, mais à Saint-Pierre-le-Jeune, seul, elle produisit 159 fr. 50 c.

Les premiers obus qui tombèrent sur la ville suspendirent les séances des Conférences

Notre-Dame, d'août à fin octobre (?);

Saint-Pierre-le-Jeune, du 19 août au 18 novembre;

Sainte-Madeleine, du 1er août au 24 octobre;

Saint-Jean, du 19 août au 7 octobre ;
Saint-Pierre-le-Vieux, du 16 août au 7 novembre ;
Saint-Louis, d'août à fin octobre (?) ;
Saint-Joseph, du 21 août au 23 octobre.

Une ambulance avait été installée dans la maison Saint-Joseph. Pendant toute la période du siège, nos confrères remplirent vaillamment leurs devoirs au chevet des blessés.

Nous ne savons combien de nos prédécesseurs furent victimes du bombardement, deux noms seulement nous sont connus, MM. de Beylie, avocat, et Sauer, marchand de vins.

Fin novembre, toutes nos Conférences étaient de nouveau en activité et la besogne ne leur faisait pas défaut. On peut se figurer la misère qui régnait à Strasbourg après un bombardement de 40 jours. Que de familles se trouvaient sans pain, sans habits et sans asile !

Abandonnés à leurs seules ressources, il eût été impossible à nos confrères de parer aux immenses besoins du moment, mais le bon Dieu n'abandonna pas une Société qui n'avait jamais eu pour but que de le glorifier dans ses pauvres.

Le premier secours arriva le 3 décembre. Un envoi de 126 fr. 35 c. de la Conférence de Lucerne, suivi peu après d'un don de 200 thalers du Conseil de Cologne. En avril 1871, le Conseil reçut, par l'entremise du président de Genève, 600 fr. envoyés par des Conférences de la Haute-Italie. Le 15 juillet arrivaient 2000 fr. du Conseil de Paris et le 2 août un deuxième envoi de 1000 fr. de nos confrères d'Italie.

Grâce à ces générosités, nos Conférences purent se mettre à la hauteur de la mission que l'extrême misère exigeait d'elles.

Merci à tous ces chers confrères qui, de bien loin, ont songé à venir au secours de nos Conférences en détresse, et qui nous ont donné par là un si touchant exemple de confraternité.

Déjà maintenant les événements de 1870 avaient fait perdre à nos Conférences près de 40 membres, obligés de quitter Strasbourg, et la situation créée par la guerre avait amené une cessation temporaire de la section de Saint-Régis.

Le 16 juin, la Société célébra, avec le monde catholique, le 25me anniversaire du pontificat de Pie IX. Le 24 novembre fut inauguré le Cercle, que par son infatigable ardeur M. Saglio était parvenu à créer pour les jeunes gens de la Conférence Saint-Joseph.

Malheureusement, notre Société ne devait plus le garder longtemps à sa tête. Le 1er décembre il fit ses adieux à la Conférence Saint-Pierre-le-Jeune, où il fut remplacé comme président par M. Edgard Nœtinger.

Quelques jours plus tard il présida une dernière fois le Conseil qu'il dirigeait depuis près de 17 ans, puis il partit pour Paris, où il voulait se fixer.

Strasbourg perdait en lui le plus charitable de ses citoyens. Pour nos œuvres, son départ fut un deuil. Elles perdaient en lui celui qui depuis 20 ans leur avait sacrifié son temps, ses talents et sa fortune. Ceux d'entre vous, Messieurs, qui le connurent, qui le virent toujours bon, toujours affable, surtout avec les petits, diront avec moi que son départ fut une immense perte pour tous.

Le 27 mars 1872, la Conférence de Saint-Joseph tint une séance extraordinaire, à laquelle assista M. l'abbé Korum, aumônier du patronage depuis quelque temps. On y régla le service du patronage pour le jardin, dans lequel, au grand bonheur de tous, on allait à l'avenir se réunir pendant la belle saison. Il avait été acheté l'année précédente.

En avril, M. Petiti renoua avec les Conférences d'Alsace les liens que l'arrêté de suppression de 1861 avait rompus.

Après entente préalable, on décida une réunion générale à Strasbourg pour le 11 août.

Une députation attendait à la gare nos confrères du dehors et reçut successivement les délégués d'Andlau, Barr, Belfort, Benfeld, Cernay, Colmar, Guebwiller, Haguenau, Mulhouse, Schiltigheim et Zellwiller.

Le Petit-Séminaire avait été mis gracieusement à notre disposition par son Supérieur, M. le chanoine Mury.

A 8 ½ heures, messe à Saint-Étienne, pendant laquelle plus de 100 membres s'approchèrent de la sainte Table.

Puis, déjeuner offert au café Saint-Étienne par le Conseil.

A 10 ¹/₂ heures, les présidents des Conférences se réunirent en séance pour étudier diverses questions d'après un formulaire envoyé par le Conseil général.

A midi, banquet par souscription de 150 couverts, auquel Mgr Ræss voulut bien prendre part. Ce banquet eut lieu au Petit-Séminaire.

Le soir, à 6 heures, assemblée générale, qui devait avoir lieu dans les salons de l'évêché, mis complaisamment à la disposition de la Société par Monseigneur; mais le nombre des assistants étant de beaucoup supérieur à celui qu'on avait prévu, il fallut rester au Séminaire. Un salut solennel, chanté par Mgr Ræss, termina cette mémorable journée.

Au commencement de 1873, la Conférence Saint-Joseph perdit son président, M. J. Morin, obligé, le 15 mars, de quitter Strasbourg. Il fut bien regretté, tant par la Conférence que par le patronage qu'il avait dirigé avec dévouement pendant près de 8 ans.

Depuis sa création, la maison Saint-Joseph logeait de jeunes étudiants du Petit-Séminaire. Il y en avait 60 en 1872. — Par suite de l'option ce chiffre descendit à 38 et n'était plus que de 28 lorsque le Petit-Séminaire fut fermé en 1874. Par contre, le fourneau faisait de brillantes affaires. Les nombreuses constructions élevées pendant les années qui suivirent le siège avaient attiré à Strasbourg beaucoup d'ouvriers étrangers, dont un assez grand nombre venait manger à Saint-Joseph, de sorte qu'en 1873 on a vendu 112,208 portions à 10 c. et 83,219 en 1874.

Au 31 décembre 1873, les 8 Conférences de Strasbourg comptaient 108 membres actifs visitant 159 familles. Les recettes se sont élevées pendant cette année à 5746 fr. 70 c., dont 2410 fr. 30 c. de quêtes aux séances.

Comme particularité dans la statistique de 1873 nous

vous citerons la Conférence de la Robertsau qui compte un membre actif et 3 membres honoraires, qui sont M. le curé et ses deux vicaires.

Le membre actif, c'est M. André Schæffer, un ancien, au dévouement et à la constance duquel nous devons d'avoir conservé cette Conférence de notre banlieue, où il était à la fois président, trésorier, secrétaire et simple membre. Nous aimons à croire qu'il n'eut jamais d'altercation en séance. Pendant plus de 10 ans de suite, cette Conférence ne connut que des déficits, ce qui ne nous étonne pas.

En 1874, reprise des sermons de charité. Ce fut l'aumônier du patronage de Saint-Joseph qui plaida la cause de nos pauvres. Ce sermon rapporta 1048 fr. Fin de cette année, le patronage de Saint-Joseph était fréquenté par 79 apprentis et 119 écoliers. Celui de Saint-Jean comptait aussi un grand nombre de jeunes gens sous la bonne direction de M. Maillet.

En mars 1875, M. Petiti fut appelé à la Direction de la police pour donner des renseignements sur notre Société et dut s'engager à cesser à l'avenir tout rapport avec le Conseil général de Paris. Sous cette condition, nous pouvions continuer à nous occuper de toutes nos œuvres et à communiquer librement avec les Conférences d'Alsace.

En décembre nous arriva la triste nouvelle du décès de notre ancien président, M. Alphonse Saglio. Un Service fut célébré, le 28 décembre, à la Cathédrale pour le repos de son âme. Pour honorer sa mémoire, sa famille envoya 1200 fr. au Conseil.

M. le Supérieur Simonis, député au Reichstag, voulut bien prêcher le sermon de charité de 1876, qui produisit 1257 fr.

Survint la grande inondation dont tous encore vous vous rappelez. Des quêtes extraordinaires furent faites dans toutes les Conférences. Notre président, M. Petiti, demanda et obtint l'autorisation d'adresser au Conseil de Paris une demande de secours pour les inondés.

Bientôt arriva un envoi de 4000 fr. du Conseil général;

cette somme fut versée dans la caisse du Comité indépendant qui s'était formé. Ce premier envoi fut suivi d'un second de 5272 fr., dont la répartition se fit directement par le Conseil. Ces deux envois étaient accompagnés d'une charmante lettre de M. Ad. Baudon, qui disait regretter de ne pouvoir faire plus.

En mai 1877, on fit une quête, dont le montant fut offert à Sa Sainteté Pie IX pour la 25me année de son pontificat. Cette quête produisit 875 fr. pour les Conférences d'Alsace (324 à Strasbourg). En novembre, nouvelle quête pour les Indiens, qui rapporta 927 fr. pour toutes les Conférences.

Fin 1877, les 8 Conférences avaient 98 membres actifs et 254 familles pauvres.

En janvier 1878, la Société reçut 1000 fr. de M. l'archiprêtre Spitz, part lui revenant d'un don de 5000 fr. envoyé par le baron Pron, ancien préfet.

Le sermon de charité de 1878 est prêché par M. le Supérieur Simonis, et celui de 1879 par M. le professeur Korum. Ils rapportent l'un 1291, l'autre 1510 fr.

Le 10 mai 1879, Strasbourg fut doté d'une neuvième Conférence, celle de Saint-Boniface, créée principalement pour donner aux étudiants de l'Université l'occasion de pratiquer la charité, et sa mission fut de secourir spécialement les immigrés pauvres de toute la ville. Elle eut pour président M. Bachmann, libraire, pour trésorier M. Schmidt et pour secrétaire M. Bischoff, les deux étudiants en droit. Dès son début elle compta 14 membres actifs et prit à sa charge 10 familles pauvres.

Cette nouvelle recrue fut la bienvenue et eut bientôt, avec ses sœurs aînées, l'occasion de déployer toute son activité pour combattre le terrible hiver 1879-1880. Les Conférences doublèrent les secours de chaque famille.

Mgr Ræss nous donna une nouvelle marque de sa sympathie en ordonnant une quête extraordinaire dans toutes les églises de la ville.

Cette quête eut lieu en janvier 1880 et produisit 2971 fr.

dont 500 fr. furent versés au Bureau de bienfaisance et le reste partagé entre les 9 Conférences. Un don de 400 fr. de M. l'archiprêtre Spitz, quelques autres legs et dons, se montant à 700 fr., permirent au Conseil de venir en aide aux Conférences qui s'endettaient.

Cette même année 1880 vit le départ de M. l'abbé Kórum, appelé à la cure de Notre-Dame, pour passer de là, quelques mois plus tard, à l'évêché de Trèves.

Ce départ fut une perte immense pour la Conférence de Saint-Joseph et pour le patronage, où M. le professeur Korum laissait d'unanimes regrets.

Il avait passé 10 ans parmi nous, 10 ans de dévouement, pendant lesquels il avait mis au service de la jeunesse ses riches facultés et ses précieux conseils. Il connaissait les jeunes gens, il savait les conduire, car il les aimait ! Eux, de leur côté, le lui rendaient. Votre rapporteur, qui a passé 9 ans près de lui et qui depuis a conservé avec l'aumônier devenu évêque les plus affectueuses relations, pourrait en témoigner.

Dans cette année 1880, la Conférence Saint-Joseph comptait 22 membres visitant 17 familles et patronnant 263 apprentis et écoliers. Ses recettes s'étaient élevées à 519 fr. 10 c. dont 356 fr. 60 c. de quêtes aux séances, et ses dépenses à 629 fr.

Vous pardonnerez à votre rapporteur de vous entretenir un peu souvent de cette bonne Conférence Saint-Joseph en vous rappelant qu'il en fait partie depuis 18 ans, qu'il en a passé autant au patronage du même nom, et que c'est un sentiment bien naturel de dépasser un peu la mesure quand on parle de ce qu'on aime.

En 1881, ce fut M. l'archiprêtre Marbach qui parla pour nos pauvres et leur procura la belle somme de 1287 fr.

Jusqu'ici notre grande paroisse du Neudorf était privée de Conférence et pourtant elle possède un champ d'action si vaste pour la charité. Grâce à la protection et au puissant aide de M. le chanoine Dacheux, alors curé de la paroisse, ainsi qu'aux démarches d'un confrère, alors membre de Saint-Joseph, cette Conférence vit le jour le 27 février 1881 et venait la dixième en rang. Son président fut M. Antoine Jung. Elle eut pour secrétaire M. Mertz et pour trésorier M. J. Schies. Elle compta 9 membres-fondateurs. Depuis sa création jusqu'à ce jour, 33 confrères ont passé dans ses rangs. Dès la première année elle distribua pour 409 fr. de secours.

Les quêtes de toutes les Conférences de Strasbourg produisirent, en 1881, 3500 fr. pour 163 membres actifs, et le fourneau de Saint-Joseph distribua 56,400 portions.

En 1882, le Conseil décida que la fête patronale serait célébrée chaque année dans une autre paroisse, ce qui s'est fait depuis. On commença par Saint-Pierre-le-Vieux. L'année 1883 eut deux sermons de charité, le premier prêché par M. le chanoine Ræss, le second par M. l'archiprêtre Marbach. Ils produisirent ensemble 1651 fr.

Cette année 1883 nous amenait une belle fête, les noces d'or de la Société, mais aussi, quelques mois plus tard, un grand deuil, la mort de notre cher et vénéré président, M. Eug. Petiti.

La fête des noces d'or, Messieurs, est certainement encore toute fraîche dans votre mémoire, et si je la relate ici, c'est pour ceux qui nous suivront. Elle fut célébrée le 20 mai à la Cathédrale par une grand'messe solennelle, rehaussée partout l'éclat dont l'Église catholique peut entourer ses cérémonies. De nombreux confrères du dehors avaient répondu à l'invitation du Conseil de Strasbourg et représentaient 13 Conférences d'Alsace. Le sermon de circonstance fut prêché par M. l'archiprêtre Marbach. Un banquet réunit à l'hôtel de la *Vignette* de nombreux confrères, et le soir, à 4 heures, eut lieu au Grand-Séminaire une Assemblée générale que présida Mgr Stumpf. Après un discours de bienvenue du président, le regretté secrétaire de Saint-Régis, M. Wegfahrt, lut un beau rapport sur l'origine de la Société. Puis, Monseigneur adressa à l'Assemblée une paternelle et touchante allocution et lui donna sa bénédiction.

Malheureusement, beaucoup de ceux qui assistèrent à cette fête ne devaient plus voir celle d'aujourd'hui. Le premier que Dieu rappela à Lui fut notre bon président, M. Eug. Petiti. Il mourut sans souffrances et presque sans avoir été malade le jour de la Toussaint, vers 1 heure du matin. On peut dire de lui, que partout où il passa, il sema du bien. Ce fut le digne successeur de M. Alphonse Saglio, qu'il avait du reste secondé très activement.

M. Eugène Petiti n'a vécu que pour notre Société. Membre depuis les premiers jours, vice-président de Saint-Pierre, puis, depuis 1848, président de Notre-Dame et vice-président du Conseil, le départ de M. Saglio lui laissa la lourde charge de président supérieur.

Toute son existence s'était écoulée dans nos œuvres et il devait y rester jusqu'au dernier soupir; car vous savez, Messieurs, que la dernière séance du Conseil qu'il présida eut lieu le 27 octobre, 4 jours avant sa mort. Ce n'est pas sans émotion que votre rapporteur songe à cette dernière séance, à laquelle il assista et qui se tint dans les salons du président. Quelques jours plus tard il rendait sa belle âme à Dieu, qui, certainement, lui aura mesuré largement la récompense que méritait une vie consacrée tout entière au service des pauvres.

Le 1er novembre, le Conseil se réunissait d'urgence chez son secrétaire, M. Aug. Metz, pour prendre les dispositions nécessaires pour les obsèques qui eurent lieu le 3. Elles furent grandioses et tout Strasbourg y assista. M. Pascal, vice-président, adressa, au bord de la tombe, quelques touchantes paroles d'adieu au défunt, et le 14 novembre la Société fit célébrer un Service pour le repos de son âme. Pour honorer sa mémoire, sa famille versa 1250 fr. aux Conférences.

Bientôt se posa la question de savoir comment et par qui on remplacerait le président décédé.

Ayant cessé toute relation avec le Conseil de Paris, et le président général ayant dévolu ses droits à Mgr Stumpf, on s'adressa à ce dernier. Sa Grandeur désigna plusieurs personnes, mais aucune ne voulut assumer cette lourde charge. On se décida alors à passer au vote et les trois candidats proposés par le Conseil, MM. Metz, Pascal et Schæffer, durent s'engager à accepter le résultat du scrutin quel qu'il fût.

Toutes les Conférences de Strasbourg y prirent part, et le 23 avril 1884 on publia le résultat du vote. M. X.-Aug. Metz, depuis quelques années secrétaire du Conseil, fut proclamé président supérieur. MM. Pascal et Schæffer devinrent vice-présidents, et votre secrétaire actuel remplaça le président dans ses anciennes fonctions.

Cette élection fut notifiée aux Conférences du dehors par une lettre datée du 15 mai.

Le sermon de charité avait été prêché, le 28 janvier, par Mgr Korum, évêque de Trèves, dont la parole aimée et puissante fit tomber 2575 fr. dans les bourses des dames quêteuses.

N'oublions pas de relater ici que c'est grâce au généreux et obligeant concours de ces dames que nos sermons de charité produisent chaque année les beaux résultats que vous connaissez. Elles ont droit à toute notre reconnaissance. Remercions aussi à cette place tous nos bienfaiteurs et souscripteurs, dont les largesses nous permettent de soulager plus puissamment les grandes infortunes que nous rencontrons si souvent.

En 1884 on reprit l'usage des retraites qui n'avaient plus eu lieu depuis la guerre, et ce fut M. l'archiprêtre Marbach qui la dirigea cette première fois; puis, plus tard, MM. les chanoines Dacheux et Guerber la présidèrent.

Depuis la mort de M. André Schæffer, survenue au commencement de l'année, la Conférence de la Robertsau avait cessé de fonctionner. Et vous savez pourquoi? Grâce aux efforts de M. le chanoine Muller, curé de la paroisse, et à la bonne volonté de quelques hommes d'énergie, elle se reconstitua le 4 janvier 1885. Elle eut pour président

M. Weckel, pour vice-président M. Weinling, pour trésorier M. Kauss et pour secrétaire M. Heitz.

Le sermon de charité de 1886 fut prêché par M. le chanoine Ungerer, curé de Colmar, et rapporta 2075 fr. En juillet, Mgr Ræss fit don à la Société d'une somme de 3000 fr.

Pour faire participer les pauvres plus directement à cette générosité, le Conseil décida la distribution d'un demi-sac de pommes de terre à toutes les familles secourues. Cette distribution eut lieu en novembre et coûta 705 fr. Elle s'est continuée depuis, et nous espérons bien qu'un si bel et utile usage ne sera plus abandonné.

Les premiers jours de 1887 virent un nouveau don de 3000 fr., versé par le même généreux donateur, affluer dans la caisse du Conseil.

Peu après, M. l'abbé Taponnier, curé de Carrouge, près Genève, prêcha le sermon de charité, qui produisit 1507 fr.

En juillet, M. Reichensperger, président du Conseil supérieur de Cologne, adressa aux Conférences d'Alsace une invitation de prendre part aux travaux du *Katholikentag* qui devait se réunir à Trèves du 28 août au 1er septembre. Le 30 août il y eut une grande assemblée des membres de Saint-Vincent-de-Paul, dans laquelle notre président supérieur mit nos excellents confrères venus de tous les points de l'Allemagne au courant de nos œuvres par un rapport qui parut le mois suivant dans le bulletin de la Société publié à Cologne.

Ceux de nos confrères qui s'y étaient rendus en revinrent enthousiasmés, tant par la grandeur de cette manifestation de foi des catholiques, que par l'excellent accueil que leur avait fait l'évêque de Trèves, Mgr Korum.

Dans la première quinzaine de novembre on fit une quête extraordinaire, dont le produit fut offert à Sa Sainteté Léon XIII, à l'occasion de son jubilé.

Le 16 novembre, un nouveau deuil frappa notre chère Société par la mort de Mgr Ræss, qui, depuis le premier jour, l'avait protégée et encouragée de toutes ses forces.

Nous autres, ouvriers de la dernière heure, nous nous souvenons peu de l'avoir vu présider nos réunions générales. La dernière fois ce fut en 1876 ou 1877.

Mais avant que Sa Grandeur eût payé le tribut de faiblesse que l'âge exige de tous, elle venait chaque année au moins une fois encourager nos œuvres par sa présence et sa parole.

La grande perte, que nous faisions, fut atténuée par le fait que la Providence, en lui donnant un Coadjuteur avec future succession, avait assuré à notre Société un conseiller précieux et un protecteur prêt à tous les sacrifices pour la prospérité de notre Association.

Le 1er décembre, beaucoup d'entre nous assistaient à un Service que le Conseil fit célébrer pour le repos de l'âme de Mgr Ræss.

Le sermon de charité de 1888 fut prêché par M. l'abbé Grünenwald, curé de Marmoutier, et rapporta 1237 Mark (depuis le 1er janvier, les comptes de la Société se chiffraient en Mark).

En février, notre président supérieur, M. Aug. Metz, ainsi que MM. Ed. Reibel, de la Conférence Saint-Joseph, Ch. Völtz, de Saint-Louis, et Singer de Reichshoffen, représentaient les Conférences d'Alsace à la grande audience qui fut accordée à notre Société par le pape Léon XIII à l'occasion de son jubilé sacerdotal.

Notre président était également chargé par le Conseil de Cologne de déposer aux pieds du Souverain-Pontife les témoignages d'affection et de fidélité de toutes les Conférences d'Allemagne.

Vous vous souvenez encore tous, Messieurs, de l'impression profonde que nos représentants rapportèrent de leur séjour dans la Ville éternelle, séjour qui fut l'objet d'un rapport spécial de notre cher président actuel.

Fin juin, nous arriva par Cologne la nouvelle de la mort

de M. Ad. Baudon, qui, depuis plus de 40 ans, avait présidé aux destinées de notre Société. Le Conseil de Strasbourg convoqua les Conférences à une messe de *requiem*, qui fut dite le 5 juillet.

Depuis fin 1887, le Conseil était en instance auprès de l'administration supérieure pour obtenir la reconnaissance légale de la Société. Les démarches se poursuivirent toute l'année 1888 pour aboutir au commencement de 1889 à une fin de non-recevoir.

En septembre 1888, le *Katholikentag* se réunissait à Fribourg, et le 3 septembre eut lieu une réunion des membres de Saint-Vincent-de-Paul, à laquelle beaucoup de nos confrères assistèrent.

Le sermon de charité de 1889 fut prêché par M. l'abbé Villier, du diocèse de Metz, et produisit 1013 Mark. Cette même année vit un changement important se produire dans la Société de Saint-Joseph. Par suite de projets de réorganisation et de changements divers, les anciens membres qui dirigeaient cette œuvre se retirèrent pour laisser le champ libre et faire place aux innovations nouvelles. La Conférence de Saint-Joseph, créée dans l'œuvre, ne tomba pas pour cela et continua à fonctionner, se vouant exclusivement à la visite des pauvres.

En juillet eut lieu le pèlerinage annuel qui, cette année, avait pour but le sanctuaire d'Andlau. Nos confrères de Barr, Benfeld, Schlestadt, Stotzheim, et d'autres que j'oublie peut-être, avaient tenu à se joindre à nous et emportèrent un charmant souvenir de cette journée. M. le curé d'Andlau a droit à toute notre reconnaissance pour le sympathique accueil que nous avons trouvé chez lui.

Quoique nous n'ayons pas eu d'occasion spéciale de vous parler de la section de Saint-Régis, nous tenons pourtant à vous dire qu'après une cessation temporaire, amenée par les événements de 1870, elle s'est bientôt reconstituée et qu'elle poursuit avec une noble ardeur son grand but moralisateur. Elle est présidée par M. Ch. Kieffer. Depuis sa création à Strasbourg, que nous avons relatée dans les premières pages de ce rapport, jusqu'à fin 1889, la section de Saint-Régis s'est occupée de plus de 4000 mariages et a fait légitimer plus de 3000 enfants. Quel grand travail, Messieurs, mais aussi quelle belle tâche. Regrettons seulement que les membres se vouant à cette belle œuvre ne soient pas plus nombreux.

Pendant l'année 1889, 52 mariages ont été réalisés, dont 35 entre catholiques, 14 entre catholiques et protestants, 2 entre protestants et 1 entre juifs ; 35 enfants ont trouvé un nom et une famille par ces unions régularisées. Du 1er avril 1889 au 31 mars 1890, les recettes de la section se sont élevées à 224,34 Mark, dont la plus grande part provient du sermon de charité, prêché chaque année au profit de l'œuvre à l'église Saint-Pierre-le-Jeune. Les dépenses pendant cette même période de temps se sont montées à 216,94 Mark.

Rappelons aussi ici que plusieurs Conférences possèdent un vestiaire assez bien garni et que d'autres souhaiteraient pouvoir en établir, si la place ne leur faisait défaut.

La caisse des loyers fonctionne encore dans deux Conférences, celle de Saint-Pierre-le-Jeune et celle de Saint-Joseph.

Cette année aussi, le Conseil mit en pratique une idée si excellente, qu'il faut s'étonner qu'il ait fallu 50 ans pour la faire germer. Je la mentionne ici, pensant rendre service à d'autres Conférences, car il suffit de l'énoncer pour lui trouver des partisans ou des imitateurs.

Voyant que les pauvres, faute de moyens de faire leur provision, sont obligés de payer trop souvent les pommes de terre le double, le Conseil en acheta en automne environ 8000 kilos qui furent logées dans une cave offerte gratuitement par le *Gesellenverein*. Ces pommes de terre furent cédées en hiver, à raison de 1 Mark le panier, aux diverses Conférences. Celles-ci les distribuèrent, en sus ou en place d'autres bons, à la grande satisfaction des pauvres, qui eussent été obligés de payer 2 Mark pour la même quantité achetée en détail.

Voilà comment **600** Mark dépensés en temps opportun, valurent un secours de **1200** Mark à nos pauvres.

Ce résultat nous fait croire que le même système pourrait être appliqué aussi à d'autres produits. Par exemple : la houille, qui peut s'obtenir par waggon au prix de la mine, moyennant une commission payée au marchand servant d'intermédiaire.

Vers la fin de l'année, une nouvelle Conférence se forma et prit le nom de Conférence du patronage de Saint-Joseph. Elle fut la onzième à Strasbourg et eut plus tard pour président M. Hægeli.

Bientôt après, nous avons le bonheur de constater la création d'une douzième Conférence, celle du Neuhof, qui commença à fonctionner en janvier 1890, sous la présidence de M. Ritti.

Peu de temps après, M. Bernhard, notre confrère de la première heure, demanda, vu son grand âge, à être relevé de ses fonctions de trésorier de la maison Saint-Joseph, poste qu'il occupait depuis l'acquisition de l'immeuble. Il fut remplacé par M. M. Kehren, qu'assiste une Commission spéciale nommée par le Conseil.

Avec l'année 1890 nous sommes arrivés au terme de notre cinquantenaire, et c'est avec bonheur que nous pouvons, dans cette dernière année, vous citer encore une fois le nom de ce bon M. Bernhard que nous avons déjà eu l'occasion de vous rappeler à la première page de ce résumé. Qu'il reçoive ici l'expression de notre gratitude pour tout le bien qu'il a fait et pour le bel exemple qu'il nous a donné.

Malheureusement, avant de pouvoir clore cette histoire de notre vie, il me faut encore vous relater un deuil qui nous a durement frappé dans cette dernière année.

Je parle de la mort de Mgr Stumpf, survenue le 10 août. Notre Société perdit en lui un précieux appui.

Comme Supérieur du Grand-Séminaire, il apprit à ses

élèves à connaître nos Conférences et à les aimer. Comme Coadjuteur d'abord et puis comme Évêque de notre beau diocèse, il nous accorda toujours sa haute protection et ses plus vives sympathies. Le 3 septembre, le Conseil fit célébrer, à la Cathédrale, un Service pour le repos de son âme.

Maintenant, Messieurs, je suis forcé d'empiéter un peu sur la 51me année, domaine réservé au rapporteur du centenaire, pour vous rappeler que Dieu nous a donné, en la personne de notre vénéré Évêque actuel et de son Coadjuteur, deux puissants soutiens pour nos Conférences.

Nous sommes heureux, Monseigneur, de saluer aujourd'hui votre présence parmi nous. En exprimant le désir de présider notre assemblée de ce jour, vous avez voulu affirmer au grand jour l'affection que vous portez à la Société de Saint-Vincent-de-Paul et nous prouver que vous tenez à continuer les traditions de vos prédécesseurs.

Et vous, Monseigneur le Coadjuteur, vous, qui nous avez déjà donné tant de preuves de votre attachement, vous, dont la belle parole s'est déjà mise si souvent au service de nos pauvres, recevez ici l'expression de notre profonde gratitude et laissez-nous espérer que vous continuerez toujours à nous accorder votre affectueuse protection.

Si, Messieurs, je n'ai pas relaté dans mon travail tous les faits particuliers concernant spécialement l'une ou l'autre Conférence, si j'ai peut-être passé sous silence des noms méritant d'être cités, vous me le pardonnerez, mes chers confrères, en pensant que votre rapporteur l'a fait involontairement et qu'il ne pouvait pas tout savoir.

Si aussi je me suis étendu plus particulièrement sur les Conférences Notre-Dame et Saint-Pierre-le-Jeune, c'est que ce sont surtout leurs noces d'or que nous célébrons. Nous espérons bien qu'au cinquantenaire de toutes les autres Conférences, il nous sera donné d'apprendre, par un joli rapport spécial, et leur vie intime et leur histoire.

Et pour finir, Messieurs, quelles sont les conclusions que nous devons tirer de cette histoire de notre vie ? Quels

sont les enseignements que nous pouvons en prendre ? Il y
en aurait beaucoup, mais je vous ai déjà arrêtés bien trop
longtemps pour les développer ici.

Pourtant il faut qu'il reste un souvenir de la fête d'aujourd'hui; il faut que lorsque nos enfants et nos petits-enfants
seront un jour réunis pour le centenaire, ils puissent citer
les résultats produits par le cinquantenaire. Pour faire
époque, nous avons déjà fait, avec le concours de la Société
de Saint-Joseph, l'achat de l'immeuble du Kuppelhof; mais
ce n'est pas suffisant, il faut plus.

Comme notre président vous l'a déjà dit, Messieurs, nous
sommes trop peu nombreux.

Nous avons augmenté quant au chiffre de Conférences,
mais non proportionnellement quant au nombre des membres.
Les cadres sont là, beaucoup d'officiers, mais peu de troupes.

Prenons aujourd'hui la ferme résolution de faire connaître
à nos proches et à nos amis la Société dont nous faisons
partie. Pour beaucoup il suffira de la connaître, et surtout
de la comprendre, pour venir à nous. Montrons-leur le bien
qu'ils pourraient faire en s'enrôlant dans notre milice. Faisons-
leur sentir combien il est doux de soulager son frère mal-
heureux et de lui faire l'aumône de sa compassion.

Est-ce de notre faute, Messieurs, si Dieu nous a fait la
grâce de pouvoir donner au lieu d'être obligés de tendre la
main ! N'est-ce pas un devoir de partager un peu de ce que
bien souvent on dépense en superflu avec celui qui manque
du nécessaire ! Nous n'y pensons pas assez et nous oublions
de le faire comprendre aux autres.

Et puis, quelle plus belle solution pourrait-on donner au
grave problème social qui inquiète non sans raison la
société actuelle et ébranle jusque dans leurs fondements les
plus vieilles et les plus solides institutions. N'est-ce pas la
charité morale et matérielle qui seule serait assez puissante
pour amener la réconciliation du prolétaire et du capital ?

Nous donnons à la fin de ce rapport quelques tableaux
statistiques qui sont une preuve éclatante de la force de

l'esprit d'association. Nous ne sommes que bien peu pour une ville comme la nôtre, et pourtant nous avons de beaux et consolants résultats à enregistrer. Si j'en parle, c'est pour pouvoir vous faire songer à ce qui pourrait se faire, si tous ceux qui le devraient étaient avec nous.

Faites surtout aimer notre chère Société à vos enfants. Élevez-les dans l'amour et l'estime du pauvre, afin que, devenus de jeunes hommes, ils aiment aussi à lui apporter leur obole. Ce sont surtout les jeunes gens qui nous manquent et il y en a tant qui pourraient venir renforcer nos rangs. Je ne sais quel préjugé les retient loin de nous. Et pourtant la Société de Saint-Vincent-de-Paul a été fondée par eux et surtout pour eux. Faisons-nous aussi tout ce que nous pouvons pour les attirer?

Nous possédons maintenant deux Conférences de jeunes gens, qui toutes deux leur tendent les bras.

A ceux qui aiment à se dévouer et à payer de leur personne, la Conférence du patronage; aux autres qui ne voudraient que secourir le pauvre, la Conférence de Saint-Joseph.

Le plus beau souvenir que nous puissions laisser à ceux qui nous suivront, serait de pouvoir faire dire au rapporteur du centenaire: „Voyez, en 1890 nos prédécesseurs étaient à 186 et quelques mois plus tard, après avoir célébré le cinquantenaire, leur nombre s'était presque doublé.“

Fasse Dieu que ce souhait se réalise pour sa plus grande gloire et pour le bien des pauvres de Strasbourg!

Ce 8 décembre 1891.

TABLEAU COMPARATIF.

CONFÉRENCES DE STRASBOURG	1877		1885	
	Membres actifs	Familles secourues	Membres actifs	Familles secourues
Notre-Dame	19	50	23	48
Saint-Pierre-le-Jeune .	14	20	20	22
Sainte-Madeleine . . .	11	32	9	50
Saint-Jean	16	35	18	30
Saint-Pierre-le-Vieux .	7	40	19	60
Saint-Louis	13	38	11	29
Saint-Joseph	15	14	19	14
Saint-Boniface	—	—	15	29
Robertsau	3	25	25	42
Neudorf	—	—	15	30
	98	254	174	354

CONFÉRENCES HORS STRASBOURG	1877		1885	
	Membres actifs	Familles secourues	Membres actifs	Familles secourues
Andlau	28	6	24	7
Barr	7	9	12	14
Benfeld	13	8	11	23
Brunstatt	—	—	20	7
Cernay	11	11	12	18
Colmar	53	96	63	143
Guebwiller	10	26	27	80
Haguenau	16	24	19	26
Mulhouse	52	163	55	276
Reichshoffen	—	—	8	22
Saverne	—	—	9	36
Schlestadt	6	6	11	20
Schiltigheim	—	—	9	14
Stotzheim	9	16	15	26
Thann	37	31	24	36
Wissembourg	7	8	12	18
	249	404	331	766

TABLEAU STATISTIQUE DES CONFÉRENCES DE STRASBOURG POUR l'ANNÉE 1890.

CONFÉRENCES	ANNÉE de la CRÉATION	NOMBRE de Membres	NOMBRE de Familles	QUÊTES aux SÉANCES (ℳ ₰)	RECETTES TOTALES (non compris l'en-caisse au 31 Décembre 1889) (ℳ ₰)	DÉPENSES TOTALES en secours. (ℳ ₰)	MOYENNE par FAMILLE (ℳ ₰)	EN CAISSE au 31 Décembre 1890 (ℳ ₰)
Notre-Dame	} 1841/44 {	19	65	626 82	2111 64	2040 48	31 38	— 47
Saint-Pierre-le-Jeune .		18	56	463 32	930 72	1746 73	31 20	144 37
Sainte-Madeleine . .	1851	10	21	318 05	585 65	644 66	30 66	253 59
Saint-Jean	1852	16	42	294 30	939 —	1085 88	25 85	533 97
Saint-Pierre-le-Vieux .	1853	19	58	512 66	1418 06	1289 30	21 38	708 55
Saint-Louis	1855	9	85	452 75	1484 77	1485 60	42 45	219 05
Saint-Joseph . . .	1865	21	25	669 76	767 76	774 20	30 80	174 28
Saint-Boniface . . .	1879	14	30	231 25	1007 45	1185 67	39 53	78 72
Patronage de St-Joseph	1889	19	9	159 97	209 92	202 80	22 55	63 48
Robertsau	1850	24	52	173 81	353 81	253 20	4 86	546 37
Neudorf	1881	12	52	130 04	639 40	710 36	13 65	135 99 de déficit
Neuhof	1890	5	15	177 25	277 25	168 26	11 20	108 99
		186	460	4209 98	10725 43	11537 14	—	2831 84

DÉTAIL DES SECOURS DISTRIBUÉS PENDANT L'ANNÉE 1890.

CONFÉRENCES	Pain et bons alimentaires (ℳ ₰)	Pommes de terre (ℳ ₰)	Viande (ℳ ₰)	Bois et houille (ℳ ₰)	En argent (ℳ ₰)	Riz (ℳ ₰)	Caisse des loyers (ℳ ₰)	Pa-tronage (ℳ ₰)	Habits (ℳ ₰)	Almanachs et lectures (ℳ ₰)	Divers (ℳ ₰)
Notre-Dame	880 —	108 80	154 08	709 60	188 —	— —	31 20	— —	— —	46 —	20 06
Saint-Pierre-le-Jeune .	1164 —	186 —	85 12	83 20	120 —	— —	— —	— —	— —	43 80	81 21
Sainte-Madeleine . .	323 24	47 60	62 16	111 20	12 —	24 60	— —	— —	— —	17 —	60 60
Saint-Jean	482 72	78 20	95 36	196 50	10 50	— —	— —	145 —	— —	13 70	35 20
Saint-Pierre-le-Vieux .	356 40	112 20	86 80	601 20	33 80	— —	— —	— —	— —	40 —	— —
Saint-Louis	602 28	142 80	297 60	202 —	152 92	— —	— —	— —	48 —	4 —	— —
Saint-Joseph . . .	280 —	34 —	69 60	317 60	23 —	— —	46 —	— —	— —	— —	— —
Saint-Boniface . . .	672 75	47 60	112 80	26 40	33 —	227 52	— —	— —	— —	38 60	27 —
Patronage de St-Joseph	132 —	— —	53 20	8 60	— —	— —	— —	— —	— —	11 —	3 —
Robertsau	184 80	— —	51 60	15 60	— —	— —	— —	— —	— —	— —	1 20
Neudorf	503 54	79 60	28 52	21 60	— —	— —	— —	— —	8 20	40 52	28 38
Neuhof	123 12	6 40	7 74	— —	31 —	— —	— —	— —	— —	— —	— —
	5704 85	793 20	1104 58	2288 50	601 22	252 12	77 20	145 —	56 20	254 62	256 65

TABLEAU STATISTIQUE DES CONFÉRENCES — D'ALSACE. HORS STRASBOURG.

CONFÉRENCES	ANNÉE de la CRÉATION	NOMBRE de — Membres	NOMBRE de — Familles	QUÊTES aux SÉANCES	RECETTES TOTALES (non compris l'encaisse au 31 Décembre)	DÉPENSES TOTALES	MOYENNE par FAMILLE	EN CAISSE au 31 Décembre
Andlau *	1856	20	10	102 79	155 04	193 92	19 39	42 57
Barr	—	14	12	306 35	400 75	432 56	36 05	107 86
Benfeld *	—	11	22	156 80	316 56	658 36	29 97	39 44
Brunstatt	—	31	11	432 26	505 86	452 16	41 09	212 25
Cernay *	1853	12	24	82 85	218 55	258 96	10 79	713 83
Colmar	1842	43	126	440 41	2484 01	2912 56	23 12	2055 20
Guebwiller	1857	18	121	405 45	2206 44	1491 06	12 32	800 45
Haguenau	1850	18	20	436 40	768 90	685 94	34 28	842 40
Mulhouse	1846	43	288	615 —	8574 92	8431 04	29 27	99 90 de déficit
Reichshoffen *	—	8	20	523 82	1050 82	1124 83	56 24	100 93
Saverne	—	11	34	221 29	682 29	1041 23	30 76	553 19
Schiltigheim	1857/85	8	13	140 71	548 48	484 70	27 66	131 25
Schlestadt *	1850	21	23	269 36	605 16	636 27	37 28	— —
Stotzheim	1861	14	19	191 37	845 86	747 04	49 51	250 59
Thann *	1850	32	35	421 50	1605 30	1733 80	39 31	199 95
Wissembourg *	—	10	20	65 40	403 12	375 82	18 79	98 38
	—	814	798	4811 76	21372 06	21659 75	—	6148 29

DÉTAIL DES SECOURS DISTRIBUÉS — PENDANT L'ANNÉE.

CONFÉRENCES	Pain et bons alimentaires	Pommes de terre	Viande	Bois et houille	En argent	Légumes	Caisse des loyers	Patronage	Habits	Almanachs et lectures	Divers
Andlau *	93 92	— —	80 —	— —	— —	— —	— —	— —	— —	20 —	— —
Barr	137 28	— —	— —	— —	243 76	— —	— —	40 —	— —	— —	11 52
Benfeld *	234 56	— —	80 56	102 44	240 80	— —	— —	— —	— —	— —	— —
Brunstatt	277 42	— —	— —	— —	166 90	— —	— —	— —	— —	— —	7 84
Cernay *	73 20	74 16	86 16	— —	— —	25 44	— —	— —	— —	— —	— —
Colmar	2049 06	— —	499 60	— —	96 —	— —	— —	192 —	— —	53 50	22 40
Guebwiller	1053 12	— —	229 56	200 32	— —	— —	— —	— —	— —	4 30	3 76
Haguenau	562 64	12 —	— —	— —	18 50	— —	— —	— —	— —	66 40	26 40
Mulhouse	5402 32	— —	230 64	— —	2286 60	— —	— —	— —	— —	— —	211 48
Reichshoffen *	550 38	— —	406 95	— —	139 50	— —	— —	— —	— —	— —	28 —
Saverne	823 89	— —	168 24	— —	— —	— —	10 —	18 30	— —	20 80	2 60
Schiltigheim	284 28	— —	76 52	118 60	— —	— —	— —	— —	— —	2 70	14 40
Schlestadt *	546 91	— —	— —	— —	— —	Lait 117 23	36 —	— —	134 05	74 96	14 90
Stotzheim	394 26	— —	29 —	19 10	— —	— —	— —	— —	— —	2 50	21 15
Thann *	1292 05	— —	420 10	— —	6 —	— —	— —	— —	86 72	30 —	7 20
Wissembourg *	187 38	— —	42 92	15 60	— —	— —	— —	— —	— —	— —	— —
	13962 67	86 16	2350 25	456 06	3198 06	142 67	46 —	250 30	220 77	275 16	371 65

* Les Conférences marquées d'un astérisque ont déjà pu donner l'exercice 1891. Pour les autres, c'est l'année 1890.

RÉCAPITULATION.

Conférences de Strasbourg. 12
Conférences de la Basse-Alsace . . . . . 10 } 28
Conférences de la Haute-Alsace 6

Membres actifs à Strasbourg 186
Membres actifs dans la Basse-Alsace. . . 135 } 500
Membres actifs dans la Haute-Alsace. . . 179

Familles secourues en 1890 1258

Recettes totales. . . M. 32,097 49
Dépenses totales . . „ 33,196 89

Zusammenstellung.

Conferenzen in Straßburg 12
Conferenzen im Unter-Elsaß . . . . 10 } 28
Conferenzen im Ober-Elsaß 6

Aktive Mitglieder in Straßburg 186
Aktive Mitglieder im Unter-Elsaß . . . . 135 } 500
Aktive Mitglieder im Ober-Elsaß 179

Im Jahre 1890 wurden 1258 Familien unterstützt.

Einnahmen . . . . . M. 32,097 49
Ausgaben . . . . . „ 33,196 89

Table des Matières. — Inhaltsverzeichniß.

www.ingramcontent.com/pod-product-compliance
Lightning Source LLC
Chambersburg PA
CBHW061404060726

47597CB00003B/961